国际汉语教学与文化适应**必备指南**

GUOJI HANYU JIAOSHI SHENGCUN ZHINAN

国际汉语教师生存指南

工作篇 ·下·

主　编　Lisa Huang Healy（黄丽娟）

副主编　Heidi Steele（施海蒂）

编写组　刘艳君　杨忆慧　骆美婵　蔡怡虹
卢景富　游寅耀　李　柠　徐艳杰
吴静静　符红萱　Maggie Chen

高等教育出版社·北京

序　一

在越来越多的国家把汉语纳入国民教育体系、越来越多的大学把汉语列入学分课程、越来越多的人加入学汉语大潮的今天，世界范围内汉语教师紧缺的问题越来越尖锐和突出，而汉语国际教育所谓的“三教”问题，其核心则是教师问题。从总体上看，教师紧缺问题涉及两个方面，量的问题和质的问题——从量上说，我个人有一个保守的估算，全球汉语教师缺口至少在50万以上；从质上说，如果以比较专业的标准来要求的话，各国现有汉语教师队伍合格的未必是多数，优秀的更是凤毛麟角。

为缓解汉语教师紧缺的问题，十年前国内高校开始设立汉语国际教育专业硕士学位课程，旨在专门培养汉语教师。截至2017年，有150所高校每年招收5000名左右汉语国际教育专业硕士。在中国培养的教师如何才能适应世界各国汉语教育的实际需求，这是一个特别值得研究的问题。此外，应各国之请，中国现在每年派出近万名公派教师和汉语教师志愿者（多为在读的硕士生或刚毕业的本科生）赴世界各国支持当地的汉语教育事业。这些人此前几乎都没有在国外学习、生活和工作的经验，如何能让他们尽可能快地了解和适应该国的环境，胜任那里的汉语教学工作，也是特别值得关注的问题。

在今年北京这个特别寒冷的冬天，我收到美国大学理事会Lisa老师特别热情的邀请，坚持让我为她主编的《国际汉语教师生存指南》作序。躲在温暖如春的室内，听着室外呼啸的西北风，几乎是一口气读完书稿，我感觉特别兴奋！终于有这样一套书，可以给第一次赴外工作的公派汉语教师和志愿者提供最切实的指导，可以给专业硕士人才培养提供最重要的参考！

这套书名曰“指南”，并以“美国中文教师案例分析”为特色，内容涉及在美汉语教师工作和生活的方方面面。从初次见面寒暄到如何跟领导、同事及学生家长沟通，从开学前第一次全体员工会议到教学事务咨询，从课堂规则到课堂管理案例，从如何上第一堂课到中文测试和教学评估，从汉语课堂到文化推广活动和跨文化交流活动，从小学到初中和高中，从敏感话题到文化差异，从教学常用英语到如何面对特殊学生……工作与生活中可能遇到的重要问题及建议和对策，几乎无所不包、应有尽有。

浏览全书，我以为这套书最大的特点就是实用性和针对性。书中所涉及的问题都是新赴美的汉语教师必然会面临的问题。针对这些问题，书中先介绍与该问题密切相关但并不为我们所熟知的种种背景信息，再摆出具体案例（常常包括正、反两个方面的案例），然后分析这些案例，让读者通过阅读和思考掌握其中的关键点，从而获得解决问题的原则、策略、方法和技巧。案例分析之后，还提供拓展练习及参考答案，供读者自行训练。总之，全书针对真实问题，针对特定读者，提供解决方案，非常实用，也很好用。最后的一些附录在实际工作中大家可能都会用到，而所罗列的参考文献也便于有意者进一步深入拓展研究。

此外，书中涉及的很多内容都非常细致、周到。比如对具体教学法如沉浸式教学法的介绍，比如关于第一节课的教学设计、反思及相关讨论，再比如Lisa老师亲自执笔撰写的《海外成功的中文教师必备素质及案例》，具体罗列成为具有专业素养教师“要做”的20条和“不要做”的20条，真可以视为在美国中小学从事汉语教学工作的金科玉律与戒条，十分详尽和实用。在条款之后，再结合具体案例分析，并提供拓展练习和参考答案，对于帮助读者理解和掌握这些内容非常有用。

读书稿的过程中，我总在想，如果我是一名即将赴国外工作的公派教师或志愿者，对未来可能面临的种种挑战心有惴惴的时候，有这样一套书在手，心中定然会踏实许多。所以，我真心希望有更多的人能有机会看到这套书，并从这套书中获得教益与帮助。

需要特别指出的是，《指南》不仅对赴美工作的人可以真正起到“指南”的作用，即使是对其他一些人，也具有很重要的参考价值。因为尽管书中写的都是美国的案例，但是涉及的问题很多是具有普遍性和共性的，对在其他国家和地区工作的汉语教师同样具有指导和借鉴意义。同时，这套书不仅对国内汉语专业硕士人才培养、对公派教师及志愿者岗前培训有参考价值，对于世界各国汉语教师的来华培训，对于国内相关研究者及世界各国一线汉语教师，都具有很好的借鉴作用。事实上，这套书为世界各国汉语教师互相学习、互相启发、共同提高，提供了一个很好的机会和范例。

这套书有十多位作者，其中，既有像Lisa这样熟稔美国中小学汉语教学的资深专家——他们有十分丰富的经验，也有赴美从事汉语教学时间很短的“新手”教师。这些“新手”教师初来乍到，美国学校的一切对他们而言都是全新的体验，他们对很多事情有强烈的感受，可以敏锐地抓住一些关键和重要的问题——比如各种各样的情况介绍，常住美国的人习焉不察，初来乍到者却全无头绪，新手教师可以借助《指南》很好地告诉新来者，哪些问题、哪些方面需要特别注意。这样的作者团队为这套书的实用性、针对性乃至全面性提供了最可靠的保障。

我一向不喜欢给别人的著作写序，甚至连我自己的学生毕业后出版自己的博士论文，请我写序，我也多是婉言谢绝的——一来生性疏懒，二来自忖没有给别人写序的资格。这次Lisa老师来信，请我为《指南》作序。坚辞不获，故赘言如上，忝称之曰序。

朱瑞平

2018年2月12日于北京师范大学

序 二

中文成为近十年美国发展最为迅速的语种之一，中文教师为学习中文的学生打开了一扇通向未来的大门。有国际视野的人士都明白，掌握了中文，就等于拓宽了就业发展的门路，拥有了参与经济全球化的一项重要技能。

作为一名美国中文教师，我已投入一线教学三十余载，见证美国中文教学从大学急速扩展到各州、各地的中小学课堂，从过去寥寥无几的中文项目发展到目前全美有40多万学生学习中文，我感到特别欣慰。学生流利的中文，是中文教师辛苦教学的成果。经历过课堂上的无数挑战和不断磨炼，教师们深深体会到，唯有同行交流教学经验、共享教学资源，才能让我们的专业受到重视和肯定，才能携手继续向前。当我收到Lisa老师的热情邀请，要我帮她主编的《国际汉语教师生存指南》作序时，我义不容辞地答应了。这是Lisa老师组织策划、教学经验丰富的一线教师共同努力的成果，书中分享了他们课堂内外的鲜活案例和多年积累的教学经验，这是一套所有在职或即将入行的教师们值得参考的好书。作序的过程让我回想起当年初入行时，中文教学的“软件”和“硬件”都十分缺乏的坎坷和艰辛。

回首美国中文教育的历程，可谓历经风雨、一波三折。20世纪80年代末，美国道奇基金会执行长Scott McVay先生，启动资助六十所美国公、私立高中开设中文项目，掀起一波“汉语热”。这让我们当时任教的中文教师兴奋了一阵子，以为扬眉吐气的日子到了。但是那时海外中文教育未受重视，师资培训和教材研发各方面条件都不具备，得靠华人家长们去学区教育委员会不断争取，才能幸运地开设中文课程。但是能坚持开设下去的中文课堂不多，由道奇基金会资助的中文项目最后也所剩无几。学区财务紧张，必须减缩经费时，中文项目总是首当其冲被“牺牲”掉。全美中小学中文教师协会（Chinese Language Association of Secondary-Elementary Schools，简称CLASS）提供宣传中文的手册，为教师和家长们加油、打气，到处宣传“为什么要学中文”“学中文有什么好处”。虽然当时学习中文的时机尚未成熟，但仍然大大地提高了中文教师在美国外语教学界的“能见度”。20世纪90年代，美国外语教学协会（American Council on the Teaching of Foreign Languages，简称ACTFL）改革时，把外语学习标准纳入美国主流教育改革的核心课程之一。1996年CLASS受邀正式加入ACTFL，ACTFL成为全美十大语言组织之一，参与研发全美各语种的语言学习标准。1999年，在《美国21世纪外语学习标准》（5Cs）的发布会上，我喜极而泣，美国的中文教师终于可以很自豪地说：“我们做到了！”在学区的外语老师会议上，中文教师不再被孤立。中文教学终于能够与其他的语言教学齐头并进，有共同的教学目标，有专业的教学质量标准。

美国中文教学史上另一个里程碑是在1994年，美国大学理事会（College Board）为美国高中学习中文的学生设立了SAT II中文测试项目。测试的对象是在美国中学学习了两年至四年中文的学生，他们可以把SAT II中文测试的成绩作为申请大学的一项学历资格。虽然题型以选择题为主，考试的内容仅包括听力、语法和阅读，但考题不能局限于任何一本教材，鼓励教师把真实语料带入教学，让语言学习与日常生活接轨，注重学生使用语言进行交际的沟通技能。2003年，美国大学理事会在该组织的理事会议上将中文正式列为新通过的AP课程之一， 这是标志着中文进入美国主流课堂的重要起点。2007年举行的第一次中文AP考试，特别强调以《美国21世纪外语学习标准》为基准的教学模块，提高学生运用中文流利沟通的表达能力。2010年，俄勒冈州通过议会立法推动中文教学进入中小学课堂。随后，美国一些公立学区和特许学校也陆续将中文列入必修课。

历经波折之后，如今中文作为外语教学正在美国日益普及，除了本土教师以外，急需中国外派教师承担教学任务，以弥补师资的匮乏，而他们将成为国际汉语教育的新生力量。教师们初到教学岗位时，无论工作还是生活上都需要经历一段适应期。欧美国家的中小学课程设置形式多样，课程设置随着学区政策的变化改动较频繁。新老教师的工作衔接，与校方主管和家长的沟通，以及如何快速适应文化差异，都是国际汉语教师需要面对的一些棘手且现实的问题和挑战。

国际汉语教师要讲好中国故事，“怎么讲”和“讲什么”都非常重要。《国际汉语教师生存指南》是一套国际汉语教师必备的参考书籍。它收集了美国优秀中文教师的课堂教学真实案例，结合本土教师的丰富经验，针对中文教师可能面临的生活和工作上的问题，提供了全方位、多层次的解决方案。本书提供了专业的课堂管理分析、课件模板、教学视频、评估样题、跨文化交流活动、中西文化差异的敏感话题、辅导特殊学生群体的方法，以及体现“以学生为中心”的中文教学模式。

《国际汉语教师生存指南》的亮点除了提供配套的电子资源（包括图片、音频、教学PPT和视频）以外，还提供了英语为母语的美籍汉语教师——Heidi老师精心设计、整理的各种生活、工作场景所需的地道英语对话，以及与家长、同事沟通的英语书面范例。实用的英语指导对中文教师适应海外教学有极大的帮助，有助于他们提高本土文化适应能力。

目前国际汉语教学事业在全球范围内蓬勃发展，红红火火、如日中天，但在阵阵喝彩和掌声中，更需要扎实的教学研究和教材分享。《国际汉语教师生存指南》不但给予在岗国际汉语教师及时的帮助，解决现实生活和教学中的问题，对于有意从事国际汉语教学的教师们也提供了实质性的介绍，并对如何准备、加入这项意义非凡的事业提供指引。我想为Lisa老师的编写团队热烈鼓掌，他们为海外中文教育增砖添瓦，锦上添花。期盼更多的国际汉语教师拿出灵活多样的教学成果，为国际汉语教学贡献心力，使其更加生机勃勃，更上一层楼。

竹露茜（Lucy Chu Lee）

2018年元旦于美国新泽西州李文斯顿

自　序

一、编写背景

近年来，随着中国经济的不断发展，全球范围内学习中文的热潮方兴未艾。然而，国际汉语教师稀缺成为当前制约汉语国际推广和发展的重要因素之一。为此，一大批国内高校开设了汉语国际教育专业，汉语国际教育专业硕士的招生也如火如荼，国家汉办／孔子学院总部设立了海外公派汉语教师、汉语教师志愿者项目，并与美国大学理事会、英国文化协会等机构合作开展了中文项目、助教项目等。新手教师大量上岗、海外教学经验欠缺、跨文化适应能力薄弱等问题尤为突出。为此，本套指南凝聚了十多位优秀在美教师的中文教学经验，旨在帮助新手教师顺利度过美国教学适应期，加强专业发展，并填补市场上此类书籍的空白。

二、编写内容

本套指南共三册："工作篇（上）""工作篇（下）"及"生活篇"，全方位、多层次解读美国汉语教学工作与生活。本书为"工作篇（下）"，分为"评估""沟通""文化""专业素养"四部分，主要版块有：背景、情景再现、案例分析、教学设计、关键词、文化点、友情提示、英语小智囊、拓展练习及参考答案。书中配有大量一手实用教学图片、实例及工作表格等。此外，本书还将提供配套的电子文件，包括每节的英语对话音频、案例视频，以及文档模板、各种有价值的表格等，力求以图文、音频、视频并茂的形式，达到多样立体、引人入胜的效果。

本书的内容涉及了中国教师在美国学校工作可能遇到的各种情景，包括如何与校方及同事沟通、如何与学生及学生家长沟通、如何进行有效的课堂管理、如何开展中国文化推广活动等。本书详细分析了正、反两面的真实案例，提供了在美国教学的正确策略与方法，展示了中、西文化的差异以及可能产生的误区，并为教师们提供了有针对性的指导。读者可以从正、反案例与分析中判断何为专业的教师行为，避开可能的误区和陷阱。同时本书也给教师提供了反思自身教学工作的实践机会，是名副其实的"国际汉语教师生存指南"，可以为读者打开一扇海外中文教学的大门。

三、编写特色

1. **前沿理念，专业素养。**本书立足美国教育环境，提供真实教育情境，准确解读美国教育及外语教学核心理念及实践经验，系统阐述美国资深教师认证的专业素养要素，帮助新手教师迅速了解美国教育状况，掌握在美从事汉语教育工作和生活的必备技能。
2. **典型案例，精炼分析。**本书收集了拥有美国教学经验的汉语教师们亲身经历的典型案例，他们之中有经验丰富的本土教师、也有初到美国的中国教师，他们全方位、多层次地分享了教学、工作经验，展现了汉语教师在国外工作、生活中面临的一些问题和挑战，并提供了专业的分析和解决方案、建议以及相应的理论指导。

3. **地道英语，高效沟通。**如何在教学和工作中使用准确、地道的英语和校方、同事、学生及家长等有效沟通也是汉语教师面临的一大难题。书中原汁原味的英语对话，为读者提供了各种工作和生活场景所需的英语口语及书面语范例与模板，英语对话配有美式英语音频，对教师适应海外教学和生活有极大的帮助。
4. **美国文化，实用策略。**本书展现了真实的美国社会文化和教育文化，详解中美文化差异，列举成功的跨文化交际策略，并提供了在美国环境下中国文化推广的多种方法与活动实例。
5. **一手资料，立体呈现。**本书汇集了美国本土教师珍贵的教学资料、实用的工作模板及PPT演示文稿，并提供了丰富的电子文件、美式英语对话音频、成功案例视频等立体资源。

识别二维码，获取相关资源

四、适用对象

本套指南适用于美国及其他英语国家本土、在任，或即将赴任的汉语教师及志愿者，对其他国家汉语教师及志愿者也有极大的参考价值。本套指南可作为汉语国际教育专业本科生和硕士生的教材或教辅材料，也可作为教师培训资料、教师资格考试备考用书及教学工具书。

五、编写团队

编写团队经过两年多的辛勤努力，精耕细作，最终完稿。主编Lisa老师作为美国大学理事会中文教师项目管理人员，长期从事教师培训及美国汉语教学规划和实施工作，也曾在中国和美国的大、中、小学教授中、英文多年，深知中美教育及文化的差异、国际汉语教师面临的巨大挑战及解决方案。副主编Heidi Steele作为美国公立学校的资深优秀汉语教师，也拥有丰富的教师培训和辅导经验，同时她作为英语母语的教学专家，保证了本书中、英文部分在文法上的准确无误及在文化上的合适恰当。

编写组成员有：刘艳君、杨忆慧、骆美婵、蔡怡虹、卢景富、游寅耀、李柠、徐艳杰、吴静静、符红萱、Maggie Chen。他们都有在美国和其他国家的汉语教学经验，均为优秀的一线教师，在教学和教师培训中积累了丰富的、可同其他国际汉语教师分享的宝贵经验。

除了编写团队的努力，我们还同美国汉语教学专家和教师约稿，特别感谢为本套书做出贡献的教师们：Marty Chen、杨娜、彭洁、李晶、楼巧英、王步银、盛群杰、杨璐、杨莉、李雪梅、金山等，感谢美国资深汉语教育专家Pat Lo（罗赵文萃）、谭大立老师为书稿提出的宝贵建议。衷心感谢在百忙之中欣然为本书拨冗作序的北京师范大学汉语文化学院执行院长、北京师范大学汉语国际推广新师资培养基地主任朱瑞平教授和美国罗格斯大学星谈中文教师培训项目主任、美国大学理事会AP中文顾问暨汉语教师志愿者导师Lucy Chu Lee（竹露茜）老师，他们在国际汉语教育领域有着卓越的影响力和杰出成就，分别是中国和美国在此领域的领军人物，非常了解国际汉语教学及师资需求。

为了使国际汉语教师更好地适应海外教学，少走弯路，使教师自己的职业生涯取得成功，进而为海外汉语教育增砖添瓦，促进汉语国际传播事业蓬勃发展，这就是我们编写此书的初心。虽为用心之作，但由于水平和时间有限，书中难免会有一些不足之处，敬请读者朋友不吝赐教，我们不胜感谢。

编写组

2018年元旦于美国纽约

CONTENTS 目录

第一章 评估

第一节 教学评估

01 正式观摩课评估……001

02 多元化教学评估……012

第二节 中文测试

01 中文AP考试……024

02 汉语水平考试（HSK）……036

03 中小学生汉语考试（YCT）……042

第二章 沟通

第一节 与同事沟通……053

第二节 与学校管理层沟通

01 与纪律校长沟通……064

02 与学校领导沟通……076

第三节 与学生家长沟通

01 校园开放日……084

02 家长会……093

03 小学沉浸式项目家长会……102

04 班级新闻通讯……108

第四节 与学生就敏感话题沟通：以吃狗肉为例……117

第三章 文化

第一节 文化差异……125

第二节 文化传播

01 文化传播途径……132

02 春节文化展演活动……140

03 文化演讲……146

04 中国文化走遍校园……153

05 中国文化走向社区……157

第三节 跨文化交流：中国学生团访问美国……163

第四章 专业素养

第一节 中文教师个人修养……173

第二节 海外成功中文教师的必备素质及案例……180

拓展练习参考答案……193

第一章 评估

第一节 教学评估

01 正式观摩课评估

背景

很多学校每年会对教师进行两到四次的正式观摩课评估（formal class observation），还有不定期的非正式观摩课评估[1]（informal class observation）。正式观摩课评估的次数和方式根据教师教龄和所在的学校／学区的不同而有所区别。这是新教师到美国任教必须经历的一关。

在张晓婷老师任教的高中，每年11月，学校会对所有任教三年以下的教师进行例行评估。教务主任会提前联系教师商定听课时间。通常，正式观摩课前后各有一次简短的会议：课前会议主要是商定听课时间，交流授课内容；课后会议的主题是评估教师的表现，给授课教师提供一些反馈和建议，帮助授课教师进一步提高教学能力。

情景再现

- **情景一：商定听课时间**

张晓婷老师在走廊上遇到了教务主任Martha。

Martha: Hi, Xiaoting, do you have a minute?

张晓婷: Yes, of course, how can I help?

有的学校会直接发邮件说明听课事宜和听课的大致时间，并使用Google Sheet让教师在线选择具体的听课时间。

Martha: I was going to e-mail you to schedule a class observation. We usually have two formal class observations each year to support our new teachers. I am going to do the first one, and Christine (the department head) will do the second. We call it an "evaluation", but actually we just want to help.

张晓婷: Thanks, Martha. I would love to have you come to my class. Which class would you like to observe?

Martha: How about next Wednesday, Chinese I?

张晓婷: Sure.

Martha: Great! Let me add it to my calendar. I am really looking forward to visiting your class! Shall we meet next Tuesday in case you have any questions?

张晓婷: Yes. I will be free from 2:00 p.m. on. Does that work for you?

Martha: Yes, it does. Let's meet at 2:00 p.m. How about in your classroom? It won't take long.

张晓婷: Great. See you then.

• 情景二：课前会议（Pre Conference）

星期二下午两点整，教务主任Martha如约来到了张老师的教室。

Martha: Hi, Xiaoting! I love your classroom!

张晓婷

Thanks, Martha! Our students made most of the decorations. They will be very happy to know you like them.

Martha

Where would you like me to sit tomorrow?

张晓婷

You may sit here if you like. The students have no idea that you will visit their class tomorrow. Let's surprise them.

Martha

I like that idea.

张晓婷

Here is my lesson plan. Even though I speak in Chinese most of the time in the classroom, you may notice some students using English to ask questions. I think this is to be expected since they have only been learning Chinese for two months.

Martha

I understand. Don't worry. We can talk about it after class if you have questions or I have any suggestions. Could you fill me in on what your students have learned so far this year?

张晓婷

Yes. The students have learned *Pinyin*, which is the pronunciation system we use to teach people how to read Chinese characters. We have also finished our first unit, which was about greetings and introducing yourself. Students learned to talk about their names, age, nationalities, and family members. They also made a video in which they introduced themselves in Chinese. The students have also learned numbers and dates, so they can also talk about their birthdays. And as part of sharing Chinese culture, I have introduced several main cities in China. Unit 1 is about the students as individuals, and Unit 2 is about family. As part of this unit, we are also going to learn some basic words related to our community, such as *school*, *hospital* and *company*, so that students can talk about people's jobs and where they work. Tomorrow is the first lesson of Unit 2; we will do a quick review of Unit 1 and then start the new lesson.

That's very nice! Thank you for all the information. I am looking forward to the class. See you tomorrow.

Martha

See you!

张晓婷

下面是张老师给Martha准备的当天的Lesson Plan。

Daily Lesson Plan

Chinese Teacher: Xiaoting Zhang

Unit: 2

Lesson: 9. My father works in a hospital.

Class length: 50 mins.

Students' background: Chinese I. Students have learned greetings, numbers, dates, names, age, family members, and nationalities.

Which of the Five Cs are used:

Communications	Interpersonal	Talk about where people work.
	Interpretive	Read a person's self-introduction.
	Presentational	Introduce your family members.
Communities	School and community	Interview Chinese students.
	Lifelong learning	
Comparisons	Language	Grammar.
	Cultural	Chinese schools and American schools. Talk about age of family members.

Can-Do Statements

After this lesson, students will be able to:

- Recognize and use three words: *school*, *hospital* and *company*.
- Ask and answer the question: *Where does [person] work*?
- Ask and answer questions about age in culturally appropriate ways.
- Introduce family members, sharing their ages and work places.

Resources needed: PowerPoint, iPad

Time	Students' learning tasks	Teaching routine	Assessment/ Rationale
5 mins	Write characters	Bell work	Writing
5 mins	Review vocabulary (group)	PPT	Choose the right answer
5 mins	Sentence study	Example	Answer the teacher's questions
5 mins	Listening (pair)	iPad	True or false
10 mins	Reading	PPT	Answer the questions
10 mins	Speaking practice (pair)	Model	Role play
5 mins	Tell a story (group)	iPad example	Create a similar story
5 mins	Review		Can-do statements
Back-up	Write a story about your family.		Workbook, Page 59
Homework	Interview a Chinese student with your iPad.		

• 情景三：课后评估会议（Post Conference）

上完课后，教务主任Martha和张老师约好第二天午饭后在办公室开一个短会。Martha拿着自己的听课笔记和张老师展开了如下对话。

Martha: Hi, Xiaoting, how's it going?

张晓婷: Great! How about you?

Martha: I'm doing well. Thank you! Take a seat, please. I really enjoyed your class yesterday.

张晓婷: Thank you!

Martha

Here is what I observed.（教导主任边说边打开她的听课记录）Your class began with an exchange of polite greetings. There were four groups of students sitting in the front of the room. You moved through the lesson plan at pace that allowed you to arrive at the end at just about the time class ended, with a back-up activity unused. The whole lesson went smoothly except once, when you stopped in the middle and took all of the students to the map in the corner of the classroom. You have a nice classroom. I like all of the students' art work.

张晓婷

Thanks, Martha.

Martha

The activities kept them engaged in class, and the bell work was well designed.

张晓婷

I ask the students to talk in the hallway before class. As soon as they enter the classroom, they start in on the bell work. It works pretty well. Sometimes the bell work is just something they learned in the previous class. If they forget it, they can go to the textbook and review.

Martha

It's nice to have a routine. I noticed that students used a range of skills. The only major language skill that they did not practice during the class was writing.

张晓婷

Yes, thank you for pointing that out. We do need to spend some more time on writing.

Martha

I was surprised that they read quite fluently. Sometimes when they made some errors in pronunciation, you reinforced the correct pronunciation, and they all seemed to notice that you were correcting them.

Yes, I was mostly correcting their tones. Tones are really difficult for them, but they are working hard to improve.

张晓婷

Martha

It was clear that they are very comfortable in your class. They were not at all shy about asking questions, confirming points with you, or collaborating to come up with an answer. They understood quite a bit of what you were saying. You made every attempt to speak Chinese even in the face of their questions in English.

Yes, in many cases they can figure things out based on context.

张晓婷

Martha

I agree with you. They did respond quite a bit in English, but I think that this is because they are excited and want to show or clarify what they know. Research indicates that students will first speak in their strongest language in response to a question in a **target language**[2], then move to very short (one-word) responses, then eventually to longer sentences. That's the way they learn. If I were you, I might set some limits on their English. Keep answering in Chinese, as that sets a standard of expectation and helps them to understand.

Thank you for your advice. I will talk to the students about how to speak more in the target language. One thing we might do is brainstorm a list of words and phrases they need to express their feelings.

张晓婷

Martha

That's great! I would also suggest asking them to hold off on their comments in English and think quietly for a moment to see if they really do need to jump into English. Sometimes they were using English to problem-solve among themselves as they looked for answer. Do ask them to think whether they really need to break into English.

Thank you, Martha, that's very helpful. I have noticed the problem, but haven't tried any solutions out yet. I will see what I can do about it.

张晓婷

Martha: Just give it a try. I also noticed that you spent a lot of time in one spot. I would suggest **circulating**[3] more.

张晓婷: Yes, my habit has always been to stand in front of the class. When I went to visit the Spanish and French classes, I noticed that both the teachers circulate more often than I do. I will work on it.

Martha: A technical suggestion—see if David has an extra set of speakers that you could put at the front of the class. You could then plug the iPad into the speakers rather than having to hold it up close to the students. That looked like it felt pretty awkward. If you had a set of external speakers, you could relax a bit more and the students would be able to hear better.

张晓婷: I will check with David. It would be great if I could get speakers for the iPad.

Martha: I almost forgot to mention that I really appreciated the Can-do statements. Some teachers are not consistent in posting those, but they are helpful for students, as well as for the teacher.

张晓婷: Thank you! I do find them useful. Students also use them as guidelines when preparing for a quiz or exam.

Martha: That's great. Based on their reactions to the slides, the classroom procedures were quite clear, and they knew what to expect. The class seemed like a well-oiled machine. It was enjoyable to observe. Even though I know nothing about Chinese, I could understand what you and the students were doing, what worked well, and what needs to be adjusted.

张晓婷

Thanks, Martha. It is really helpful to talk about all these things with you. I am fortunate to have motivated students. I hope they will keep studying Chinese because it takes a long time to master a foreign language. I have studied English for over ten years, and sometimes I still struggle with it.

Martha

Xiaoting, your English is very good. I agree with you that it takes time. I can see you are willing to try methods and activities that will drive home learning, such as **Quizlet**[4]. The best thing is that they did enjoy your class! As long as they are happy and confident, they will stay motivated.

张晓婷

Thank you, Martha!

Martha

Do you have any questions?

张晓婷

Not at the moment. Thank you for all your feedback, Martha! I learned a lot.

Martha

You're very welcome. See you later.

张晓婷

See you!

关键词

1. **非正式观摩课评估：informal class observation。**除了如案例中事先约定好的听课，也有不告知任课教师而前来听课的情况。随机听课（random class visit）也是非正式观摩课评估的形式之一。教师在上课的过程中，相关人员可能会随时进入教室听五至十分钟。
2. **Target language：目标语，指的是学生学习的目标语言。**美国中小学外语课堂上鼓励教师连续地使用目标语进行教学，最低限度地使用母语和翻译。沉浸式教学则要求100%使用目标语。除了鼓励教师使用目标语，也鼓励学生在课堂上使用目标语，尽量少用、甚至不用媒介语。

3. **Circulating：来回走动。**美国中小学鼓励教师在教室中来回走动，这样一来，教师可以观察学生的学习过程，对学生的学习过程进行评估，发现学生的学习难点。这也是课堂管理的一部分，如果教师站在教室的一处不动，离教师较远的学生有可能开小差或者扰乱课堂纪律，因此，美国中小学非常不鼓励教师始终站在一处。

4. **Quizlet：美国外语教师常用的在线词卡网站，可以自动生成词卡、翻译、发音练习，也可以自动生成游戏和小测试，还可以建立在线班级，监督学生的学习情况，是词汇教学的好帮手。**2017年，Quizlet还推出了分组比赛的环节，很受外国学生欢迎。中文教学中，也可以使用魔方汉语网（www.morefunchinese.com）生成中文在线词卡、笔顺、发音，制作中文作业、测试和游戏，并可于该网站获取儿歌、舞蹈、动画等教学资源。

分析

• 案例分析

1. 教师没有提前通知学生当天有人来听课，这是值得肯定的，避免了“**霍桑效应**[①]”。拿学校听课的例子来说，学生知道有人会来观察他们时，会表现更好、更符合观察者的期待。

2. 在美国中学，教师的教室常常是固定的，学生去不同的教室上不同的课。教师的办公室也常常就是自己的教室。张老师大量使用了学生的作品，精心布置了中文教室，营造了一个充满中国文化元素的学习氛围，这是值得借鉴的。

3. 张老师在课前、课后都展示了Can-do statements，学生可由此了解本节课的学习目标，在下课前根据它做自我评估；张老师在教学计划中清楚展示了学生在每个阶段要做什么，用活动串起了整节课，设计上做到了以学生为中心。

4. 张老师考虑到了教务主任不懂中文的情况，提前准备了自己的教学计划供教务主任参考，考虑非常周到。给听课人员一份当天的教学计划是十分必要的。内容不需要太多，但需要展示当天的教学目标、教学活动和评估方式，以便听课教师参考，内容一般不超过两页A4纸。

• 文化点

1. 美国中小学的学期制度：学年一般从八月或九月开始，次年五月底或六月初结束。大部分的K—12公立学校是学期制（semester system），每年有两个学期：第一学期从八月底或九月初到一月底，第二学期从二月初到五月底或六月初。也有一些私立学校把一学年分为秋季、冬季和春季三个学期：秋季学期从开学到圣诞节，中间有

① 心理学概念，即被观察者知道自己成为被观察对象而改变行为倾向的反应。

一个感恩节假期，结束后有一个两到三周的圣诞假期；冬季学期从新年后开始，到三月中旬结束，然后是两到三周的春假；最后是春季学期，结束后是至少两个月的暑假。

2. 培养独立的学习者：美国中小学非常注重培养学生的独立思考能力。张老师在课堂上有时候没有给学生足够的思考时间，教务主任也建议让学生hold off，较好的处理方法是给学生足够的时间，让学生多想一想。寻找答案的过程比解开一道题、知道一个问题的答案更重要。答案则可以由学生独立找到，也可以通过小组学习、与他人合作找到。这种解决问题的能力才是学生受用一生的。

- **友情提示**

案例中，张老师在课堂上使用了iPad，但是因为教室里没有扩音器，造成了一些不便。这个问题存在有一段时间了，但是张老师一直没有提出来，直到这次评估课，教务主任提出可以去找相关负责人。之后，张老师联系了负责学校技术设备的David，发现只需要再加上一根线连上电脑配套的音响设备即可。美国学校非常鼓励教师和学生主动提出问题、主动解决问题。在这个案例中，可以看出张老师并不重视这个问题，所以才没有积极寻求解决办法。也希望这一点能给后来的教师一些提醒：一切从服务学生、便利学生的角度出发，积极发现问题，主动寻求解决方案。

拓展练习

1. 李老师在一次评估课中，使用了一个全新的教学活动。尽管李老师花了不少时间用英语来解释规则，学生还是不太明白，在活动的过程中，课堂显得有些乱。对此，你有什么建议？
2. 在课后评估会议上，小学校长给王老师提建议，认为学生坐的时间太长，引起了课堂管理问题，她应该设计一些“动”的活动，“动静结合”效果会更好。王老师说，她没有设计“动”的活动是怕课堂会失控。如果你是王老师，你会怎样对待校长的建议？

【编者　刘艳君】

02 多元化教学评估

背景

多元化教学评估为现今美国教学评估的趋势，其目的是希望教师能从多方面、在不同的学习阶段评估学生的进步及学习成果，它同时也是教师在教学过程中调整课程内容与进度的重要参考。学生学习成果除了传统的纸笔考试评估以外，还需要有一些真实评估（authentic assessment），可以是在真实语言运用中的评估，如采访母语是目标语者的任务；也可以是语言实践评估（performance assessment），如根据所学单元的教学目标和内容设计、模拟真实语言运用的情景和角色，让学习者完成一些特定的交流沟通任务。档案式/组合式评估法（portfolio assessment）也必不可少，它是一种在相对较长的时间里全方位收集、积累学生学习进步和学业成绩的评估方法，很多档案评估不但记录学生课上的考试成绩、课堂外标准测试成绩，也包括教师对学生平时的观察笔记、轶事记录，还包括学生的学习成果样品、录音、录像，以及学生自己制定的短期与长期学习计划、目标及反思等。

一般而言，教学评估可大致分为“形成性评估（formative assessment）”与“总结性评估（summative assessment）”。对一个教学主题单元而言，单元结束后的评估就是总结性评估，而在单元之中所做的所有评估都是形成性评估。形成性评估的作用是确认学生能否跟上教学进度、是否掌握了每一个小主题的学习目标，形成性评估不仅可以评估学生的学习成果，也可以为教师提供教学反馈，使教师根据学生的评估结果来调整教学方法、进度及内容，而总结性评估便是整个单元、学期或学年教学成果的评估和检验。

理论广角

目前世界语言教学公认的总结性评估方式是“综合性语言实践评估（IPA, Integrated Performance Assessment）”。很多学区要求外语教师每学期至少要有一次综合性语言实践评估；还有一些学区要求外语教师每教一个单元都要有一次综合性语言实践评估。

综合性语言实践评估是对以往常见的评估方式的改进，因为它不仅是对学生学习成果和教师教学效果的“验收（audit）”——看看哪些学会了、哪些还没学会，而且赋予了学生在三种沟通模式中融会贯通，运用整个单元中所学的语言、文化内容的机会。第一轮的评估是对某一真实语料的理解诠释（interpretive task）。当学生完成该任务后，教师给予学生反馈，之后开始第二轮的人际交流（interpersonal task）评估，它要求学生根据第一轮理解诠释的内容跟另一名学生对话、讨论、交换意见、了解及澄清彼此的看法及观点。学生完成人际交流任务后，教师再一次给予学生反馈。第三轮则要求学生根据前两轮的交流任务中所学到的新知以及教师的反馈，完成教师设置的表达演示任务（presentational task），表达方式可为口头或书面的单向沟通，此阶段的评估，学生们必须针对真实生活模拟情境的观众或特定对象进行表达，以求合乎观众或对象的语言内容和文化。

情景再现

• 情景一：单元总结性评估

本案例中的学生从零基础开始学习中文，已经学习中文两学年，口语表达达到准中级至中级水平。学生们先前已学过了关于爱好和与自己切身相关的主题，本学年（第三学年）的中文课程中，第二个单元的学习主题为“我的未来”，以先前所学的爱好及与自我相关的主题内容为基础，结合学生个性分析、学习兴趣及升学就业的计划，让学生为未来发展方向做出思考及选择。案例中的中文课程的每个单元都是以教学目标为导向，然后反向设计涵盖的主题及教学内容。因此，在教学设计之前，学生的单元总结性评估，也就是学生如何把该单元中所学的语言、文化知识应用于真实生活语境中，就已经预先设计好了。因为每个学生的兴趣、长处、天分和表达方式各异，在总结性评估时宜列入考量，让学习对学生个人而言更有意义。借由不同的真实生活语境，学生可以弹性选择适合自己的评估方法，如视频制作、歌唱、小品、诗词或故事写作等。不过，不管学生选择哪种评估方法，要表达的主题和内容是相同的。

以“我的未来”这个单元为例，口语评估的模拟真实语境 / 题目选项如下：

1. 今年暑假你希望申请参加中国学校的中文夏令营。申请材料中需提供一个自我介绍的视频。
2. 今年暑假你希望到中国的一家公司实习。申请材料中需提供一个自我介绍的视频。
3. 你参加了一个语言机构举办的游学团，游学期间将安排寄宿家庭。主办单位要求每位参与的学生录制一段自我介绍视频，交给寄宿家庭作为行前交流。
4. 你是中国一所大学的新生，学校要求每位学生录制一段自我介绍的视频上传到学校的网站。
5. 你参加了中国的外国人演讲比赛，主办单位要求参赛者录制一段自我介绍的视频在比赛节目中播放。

每个作品都必须包括以下内容，而且要尽可能详细描述：

1. 自我介绍及家庭背景	4. 个性分析
2. 兴趣爱好	5. 未来志向与自我期许
3. 优、缺点及专长	6. 一项最能代表自己的事物

• 情景二：单元形成性评估

为了让学生能够在单元末完成上述总结性评估任务，教师需要先根据评估题目中学生必须掌握的语言和内容设计成小主题，如个人信息资料、成长及求学背景、个性表达及分析、兴趣专长、优缺点、自我期许、职业等，并根据每一个主题寻找真实生活语料，设计阅读、口语、书写或听力活动。

理想的教学设计的理念包含以下三道主要程序，以帮助学生达到学习目标：

- 订立学习目标
- 确定可行的评估方式
- 设计每一个课程活动内容环节

在案例“我的未来”（以下简称“本单元中”），教师首先要利用生活中关于自我介绍的各种不同真实语料，帮助学生复习已学的自我介绍内容。

此部分的口语形成性评估语境可以是：“**你在中国参加中文夏令营。今天是第一天上课，教师请每一位学生做一个自我介绍。**”为完成上述任务，教师需要为学生搭建必要的脚手架（scaffolding）：可以让学生看各种不同类型的自我介绍视频，如校园新生网页、才艺竞赛、歌唱比赛节目等，并将其中具有代表性的视频当作教学资源教授新的知识，设计问题引导学生理解，然后用几个类似的视频作为这个教学主题的**形成性评估语料**[①]。

写作部分的评估任务可以是让学生**填写某个公司的简历/工作申请表，或是新生个人资料收集表**。方法上与口语部分一样，先用真实语料来教学，然后用类似的真实语料来评估。另一项阅读与写作评估则可以设计为**浏览几条网上的交友信息及个人资料，回答相关的阅读理解问题，然后从中选择一条进行回复**。

口语及听力方面，学生可根据网上交友视频中的友人自我介绍及所提的问题，同样以录制视频的方式予以答复。

其他的小主题是生肖与个性，语料来自网上生肖与个性的介绍和视频，课堂口语形成性评估的目的大多是为了让学生说出自己和同学的个性特点，并举例支持其观点。随

① 具体请参考《国际汉语教师生存指南·工作篇·上》P146《真实语料教学与运用》。

后通过所学的个性特点，来介绍优、缺点，让学生讨论并归纳哪些个性特点是优点、哪些是缺点，并提出理由支持自己的观点。最后让每个学生谈谈自己的优、缺点并举例说明。此阶段的一个小评估是让学生做社会关系分析表（sociogram），让学生借此活动更了解身边的人。写作的评估为**写一篇日记肯定自己的一项优点并举例说明，反思自己的缺点并提出改进的方法**。

社会关系分析表（Sociogram）

姓名：

People I feel close to.

People I was close to but are no longer around.

People who have influenced me.

People I wish I were close to.

People I spend a lot of time with.

Instructions:

1. List the 15 personality traits in CHINESE and use different colors or patterns for each trait!
2. Identify at least 8 people in your life based on the above criteria. Use a circle to indicate a female and a box to indicate a male.
3. The closer the circle/box is to the center (you), the closer this person's physical location is to you, and vice versa.
4. If various colors are used to indicate a person's personality traits, the larger the area of the color inside the shape, the stronger the personality trait it indicates.

我

	个性	颜色
1		
2		
3		
4		
5		
6		
7		
8		
9		
10		
11		
12		
13		
14		
15		

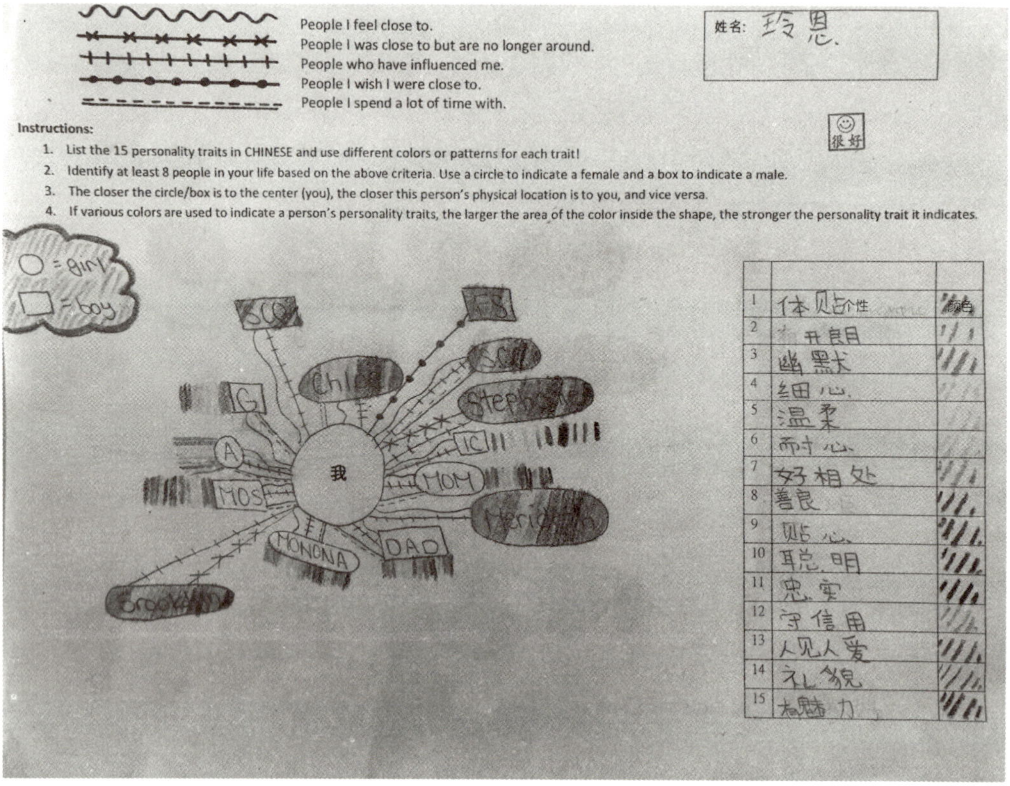

学生作品范例

接下来的主题就是探讨兴趣与未来职业发展的可能性。学生根据自己的个性、兴趣和长处探索自己将来申请大学专业的倾向和从业的志向。此阶段的评估为**针对一家公司的招聘广告写一份简历，说明自己为什么是适合的人选**。这项形成性评估的内容必须包括从单元初至目前的学习内容，因此必须包含自我介绍、家庭背景、学历、优点和专长，然后才延伸至对工作申请的意愿。

为使学生通过这个单元更了解自己、开始计划未来，在自我理想和父母的期望之间取得共识，可以在单元最后用**歌曲**②来探讨父母和子女沟通的方式和重要性，进而促进学生与父母的沟通。并让学生体会到人生不是每件事都能如愿以偿，但只要努力，梦想总会实现。最后，可以让学生带一件最能代表自己的东西和班上的同学分享，利用这件东西回顾过去、把握现在和思考未来。

② 可选用蔡健雅的《忘了》。

- **友情提示**

如果学生能完成这一系列的小主题教学和形成性评估中的所有任务，那么学生便能自信地完成单元最后的总结性评估中的任务了。

如果教的是初级班的学生，可以将“我的未来”这个大主题中包括的小主题变成单元主题来教学。如，中文一的“关于我”的主题单元可以教授**基本的自我介绍**和**个人信息**、**家庭成员**、**国籍**等；中文二的“关于我”主题单元可以涵盖**家庭背景**、**兴趣爱好**及**家庭休闲生活**；设计中文三“我的未来”这个单元时，就能把学生过去所学的内容融合后再延伸，这样螺旋式的课程设计能有效地帮助学生复习、组织和延伸学习，教学效果显著。

• 情景三：档案式评估法

由于一个单元的不同阶段有不同形式的形成性评估，因此也可以将学生的评估成果以作品集的方式整理成一系列完整档案，一般称之为“档案式评估法”（也叫“组合式评估法”）。这种评估方式可以让学生看到自己的进步，对自己的学习进行评估。同样的，在单元开始之前，教师宜先订立好教学目标，然后根据目标及学习进度确定学生的学习成果展现方式。成果展现方式宜求多样性和可选性，以让学生能充分发挥自己的优势。组合评估应在不同的学习阶段或一个教学小主题结束时进行，根据听、说、读、写及和语言文化知识的教学目标来进行评估。以“我的未来”这个单元为例，学生的档案或评估内容可包括：单元开始的**自我介绍小档案**、**回复笔友／网友的信件**、**日记书写**、**自我个性分析和对优缺点的看法**、**亲友个性分析和对自我与亲友圈的关系的检视**、**对未来发展的选择和期望**、**写给父母的一封信**到最后的**自传**，都可以收集、整理成作品集。如果条件允许，还可以多利用网络教学工具来收集和记录学生的评估结果。

小结

• 形成性评估

定义：

在教学过程中，为了解学生对某些概念、原则或某个单元的理解程度等，了解学生学习进度与困难，随时发现问题，进行反馈与改进所进行的评估。

评估形式：

- ☐ 用手势回答对错或选择正确选项
- ☐ 利用小白板让学生作答（选择、判断、简笔画表达理解等）
- ☐ 听一段故事或描述，把听到的词语或相应图片圈出来（在语境中运用词语的听力练习）
- ☐ 以教室的四个角落为选项，让学生根据答案选项走到不同角落，让课堂动起来
- ☐ 用绘图或四格漫画表达对阅读内容的理解
- ☐ 用短剧表达对阅读内容的理解
- ☐ 用肢体语言表达歌词或诗篇内容
- ☐ 听对话或文章内容选择图片
- ☐ 做音频或视频
- ☐ 将文章改成对话演出
- ☐ 将文章写成一段摘要
- ☐ 根据文章内容给当地中文报社投稿，为当地华人社区做一份宣传广告
- ☐ 情境对话
- ☐ 听歌，排列歌词
- ☐ 听歌曲、文章或对话的音频，在所给文本中找出听到的词语
- ☐ 修改病句
- ☐ 连词成句
- ☐ 缩写或扩写（修饰词的应用评估）

• 总结性评估

定义：

为了解学生对某一阶段所学内容的熟悉程度、学习目标的完成程度、学习效果等，在一个单元、几个章节或一个学期等阶段性教学内容完成后进行的教学评估。

评估形式：

- ☐ 单元考试
- ☐ 写作
- ☐ 创作设计
- ☐ 期中/终考试
- ☐ 报告或展示
- ☐ 网络作品
- ☐ 学区/州考试
- ☐ 做海报
- ☐ 档案夹
- ☐ 短剧
- ☐ 做视频

• 总结性评估表参考范例

Thematic Unit: 关于我　　Name:　　Date:　　DUE Date:

	Can-Do Statements	Yes, I can!	No, I can't.
1	I can name common leisure time activities and locations for doing these activities.		
2	I can talk about things I like to do for fun.		
3	I can talk about the activities I do to stay fit and healthy.		
4	I can ask and tell about life styles and what to do to maintain a healthy life style.		
5	I can talk about my hobby/hobbies and why I came to like it/them.		
6	I can talk about my personal profile and introduce myself to people in the target cultures appropriately.		

Situation and Task: You are participating in the annual Chinese Bridge Competition（汉语桥）in Beijing. You are recording a video to introduce yourself. You want to make it interesting and creative so that the judges and audience will remember you!

※ **Be sure to include the following topics in your video:**

	Self Check	陈老师
1 Your basic personal information (e.g. name, nick name, age, height, weight, nationality, favorite class, colors, food, activities, sports, etc.)		
2 Your life style (e.g. habbits, foods you like/dislike, places you like to go, people you like to spend time with, etc.)		
3 Your personality traits, including your strengths/advantages		
4 Your favorite leisure time activity/activities AND why you came to like it/them		
5 What would you like to do in the future in terms of personal goals, occupation, or dreams...		
7 One thing/object that represents you the best (show and tell why) 我觉得……最能代表我，因为……		
8 Beginning, middle and end		

Writing Task:

You are applying for a scholarship for Chinese learners to help pay for your summer camp in China. Along with your application, you must submit a letter of introduction for yourself in Chinese.

Alternative Tasks:

1 You can work with a partner to do an interview covering these topics.

2 You can introduce yourself via a series of photos with voice over (like a documentary), a drawing/painting/collage about yourself, or a well-written song.

陈老师的评语 (Chén Lǎoshī de píngyǔ) Ms. Chen's Feedback:

评分表

Final Grade: /100

Part I: Writing Task

	EXCEEDS EXPECTATIONS 5	**MEETS EXPECTATIONS 4**	**PROGRESSING 3**	**NEEDS WORK 2/1**	**Score**
Content & Culture –Elements addressed in completing ideas and demonstrating understanding of content and culture	• Maintains a clear focus. • Content is fully detailed and well-supported. • Ideas are original, accurate and culturally appropriate.	• Focus is clear, but there are tangents. • Content is partially detailed and supported. • Ideas are mostly original, accurate and culturally appropriate.	• The focus is broad. • Content is lacking in support and details. • Ideas are lacking in originality, accuracy and/ or cultural appropriateness.	• There is no clear focus. • Content is unsupported and void of details. • Ideas are unoriginal, inaccurate, and/or culturally inappropriate.	
Structures –Sentences are accurate and complete	• Grammar and usage is correct throughout entirety of presentation. • Complex sentence structures.	• Grammar and usage is correct throughout majority of presentation. • Less complex sentence structures.	• Grammar and usage is correct occasionally throughout of presentation. • Basic sentence structures.	• Grammar and usage is not correct throughout presentation. • Incorrect complex structure.	
Character & Word Choice –Accuracy and Variety	• Goes beyond requirements, many details and excellent use of vocabulary.	• Meets requirements, some details and good use of vocabulary.	• Minimally meets requirements, few details, some use of unit vocabulary.	• Does not meet requirements, inaccurate or inadequate vocabulary.	
				Total Points:	

老师评语：

Part II: Speaking Task

Final Grade: /100

	EXCEEDS EXPECTATIONS 5	MEETS EXPECTATIONS 4	PROGRESSING 3	NEEDS WORK 2/1	Score
Content & Culture –Elements addressed in complete ideas, and demonstrating understanding of content and culture.	• Maintains a clear focus. • Content is fully detailed and well-supported. • Ideas are original, accurate and culturally appropriate.	• Focus is clear, but there are tangents. • Content is partially detailed and supported. • Ideas are mostly original, accurate and culturally appropriate.	• The focus is broad. • Content is lacking in support and details. • Ideas are lacking in originality, accuracy and/or cultural appropriateness.	• There is no clear focus. Content is unsupported and void of details. • Ideas are unoriginal, inaccurate, and/or culturally inappropriate.	
Structures & Settings • Comprehensibility (5)	Highly comprehensible.	Comprehensible.	Barely comprehensible.	Incomprehensible.	
• Accuracy/Pronunciation (5)	All accurate.	Very few errors.	Some errors.	Many errors.	
• Control of tones (5)	Strong.	Good.	Fair.	Little.	
Performance and Settings *No points will be earned if the skit is not memorized.	High fluency; accuracy enhances communication.	Good fluency; inaccuracies do not impede communication.	Some fluency; inaccuracies sometimes impede communication.	Little fluency; frequent inaccuracies are a major obstacle to communication.	
Quality of Message	Proficient.	Meeting expectations.	Skill developing.	Poor.	
				Total Points:	

老师评语：

拓展练习

如果你是中文教师，如何利用以下自我介绍的真实语料来教授案例中的语言和文化内容？你将用哪些形成性评估来判断学生是否达到教学目标？

姓名：林岚

英文名：Linda Brown

生日：1995年8月30日

星座：处女座

生肖：猪

血型：A型

爱好：读书

学历：大学

特长：唱歌，跳舞

最喜欢的颜色：蓝色

最喜欢的运动：跑步最喜欢的食物：芒果

最难忘的事：第一次获奖

最喜欢的歌曲：北京欢迎你

最喜欢的歌手：泰勒·斯威夫特

最爱吃的中国菜：宫保鸡丁

【编者　Maggie Chen】

英语小智囊

语言误区

✕避免使用的词语：annoying, difficult
✓可以使用的词语：tough, challenging

小提示：教学评估会议时跟其他教师或学校领导提到自己的学生时，应避免使用比较主观的、情绪化的贬义词，否则会让人觉得教师讨厌自己的学生，而推荐使用的词会让人觉得虽然有困难、但教师仍在坚定地做自己该做的事。

实境范例

1. 向负责教学评估的教师询问教学评估标准。

例句：

（1） Do we have rubrics for our teaching evaluations?

（2） Could you please give me some tips on how to handle my upcoming observation?

2. 向同事请教教学评估的准备工作。

例句：

Ask: If the evaluator comes in halfway through class, how can I show him or her my Can-Do Statements?

Answer: I usually put them up on the whiteboard next to my PowerPoint.

情景范例：邮件回复教学主管的听课安排

教学主管的来信：

Dear teachers,

I am in charge of the new teachers' evaluations this year. I will do at least three classroom observations and several walk-throughs. I will try to make appointments with you before I come, but you can set up times with me too. You should already have a copy of the evaluation form. Please let me know if you have any questions.

Regards,

Pat Smith

回复：

Dear Mrs. Smith,

Thank you for your e-mail. I am wrapping up Unit 2 now, so we are going to have a lot of class presentations this week. Next week, we will start a new unit and go back to regular lessons. You are welcome to visit any of my classes! I have first period planning and lunch A.

Regards,

Ting Li
Chinese Teacher
Apple Middle School
Room 403
Land Line: (555) 555-5555

第二节 中文测试

01 中文AP考试

背景

Advanced Placement（简称“AP”）是美国大学理事会为高中生设置的大学先修课程，学生在修完课程后参加AP考试，成绩达标即可获得大学学分。AP考试成绩还是美国哈佛大学、耶鲁大学、康奈尔大学等常春藤名校录取学生的重要依据。

一般情况下，学校在开设四年中文课之后，便可以向大学理事会申请开设中文AP课程。学校一般会开设一年的AP课程，通过考试的学生可以获得大学学分，也可选修中文高级课程。

中文AP考试从听力、阅读、写作和口语四个部分评估学生的中文理解和运用能力，每个部分都有固定的答题时间，考生需要在电脑上用键盘和语音设备完成考试，具体考试内容如下：

表1 中文AP考试主要内容

<table>
<tr><td>听力</td><td>补全对话（rejoinder）和听后选择（listening selection）</td><td rowspan="4">从人际沟通、理解诠释和表达演说三个方面，考查学生中文使用的流利程度以及对中国文化的了解程度</td></tr>
<tr><td>阅读</td><td>阅读材料为中文，题目为英文</td></tr>
<tr><td>写作</td><td>看图写作和回复邮件</td></tr>
<tr><td>口语</td><td>模拟对话应答和文化描述</td></tr>
</table>

情景再现

在中文AP教学和评估中，教师可参考AP考试的形式，编写各类适合学生当前语言水平的题目，对学生进行训练，使学生从开始接触AP课程起就对AP考试有初步概念。AP预科（Pre-AP）的教师也可以在日常教学中以AP考试为导向设计课堂活动和学生练习，保证学生始终在AP的基本模式里训练中文运用能力，以便更轻松自信地应对考试。

以下是结合AP考试与学生语言水平编写的题目，以及在指导学生答题时的思路。

• 情景一：听力练习

1. 补全对话（rejoinder）

—Man：请坐，请坐，你要喝点儿什么？

—Woman：____________________。

A. 给我一盘饺子吧！　　B. 我要一杯茶就行了。

C. 你喜欢喝什么？　　D. 我坐沙发吧！

补全对话是听力理解的第一类题目，考查学生的语境理解能力。题目中男人或女人说出对话的前半部分，学生从四个选项中选择合适的答案来补充对话的下半部分。做这类题目时，学生要结合语境、会话礼仪及文化常识去选择最合适的回答。

2. 听后选择（listening selection）

—Man：这个周末我们一起去看电影，怎么样？听说有一部很好看的电影周末要上映了！

—Woman：可是我觉得看电影没意思，我想去游泳，你如果想看电影，可以找别的朋友！

—Man：我也很喜欢游泳，那我和你一起去游泳吧！

Question:

What would be the most likely conclusion you can draw from the conversation?

A. A very good movie is playing now.

B. The woman doesn't go to the movie because she can't afford a ticket.

C. The man will find someone else to see the movie together this weekend.

D. The man may want to spend the weekend with the woman.

听后选择是听力理解的第二类题目，考查学生对所听对话的理解程度。对话以中文形式呈现，问题和选项则以英文形式呈现。针对这类题目，教师在教学中应着重训练学生抓关键词、推断隐藏含义以及利用排除法排除错误答案等能力。

• 情景二：阅读练习

AP考试中的阅读材料一般包括便条、标识、海报、邮件、信件、故事、广告、文章和手册等各种形式的真实语料。真实语料是最贴近生活的语言，在生活中也很常见，因此教师可以根据当前教学主题，去搜寻一些真实语料，融入到教学中，让学生理解所学中文在真实生活中的运用方法，并有效应对注重语言实践的AP考试。

以下是结合学生中文水平编写的一道海报阅读题。

中文俱乐部“体验中国菜”活动公告

时间：2017年9月10日（星期六）中午12:30

地点：小镇上的中国餐馆

注意事项：

1. 请中文俱乐部的全体成员参加。
2. 请每人交10美元的活动经费。
3. 9月10日中午11:50，在学校门口一起坐校车去小镇。
4. 用餐时，请不要浪费食物。
5. 用餐时，请大家多拍照片，下周我们将为本次活动做总结宣传。
6. 午餐结束后，在餐馆外面的停车场统一坐校车回学校。

苹果高中中文俱乐部

2017年9月5日

Question:

1. Where would this poster most likely appear?

   A. Chinese restaurant.

   B. Language hallway at school.

   C. Parking lot.

   D. China town.

2. Which of the following items is not mentioned?

   A. Each student needs to pay $10 for the meal.

   B. Taking pictures when having lunch.

   C. If you don't want to participate, you don't need to go.

   D. All students will take school bus to go to the Chinese restaurant.

3. Which of the following statements is true?

   A. Students are allowed to drive there by themselves.

   B. School bus will wait for everyone at the door of the restaurant.

   C. No photographing during meal.

   D. Students need to summarize this activity next week.

做题过程中，教师应提醒学生运用前文提到的解题方法，遇到不认识的词语或不懂的句子，可结合上下文进行推断和猜测。

• 情景三：写作练习

1. 看图写作

看图写话一共有四幅图，学生要分析四幅图表达的故事，然后组织语言写出故事。教师可以从教学内容、学生词汇量、语言总体水平三个方面考虑，设计图画内容。画画功底好的教师可以自己绘图，不擅长画画的教师可以在网络上搜索跟内容相近的图片来使用，或者从AP考试的官方网站（https://apcentral.collegeboard.org/）上历年的考题中挑选合适的题目给学生练习。

教师可按以下六步训练学生看图写作能力：

第一步，统观四张图，让学生大致掌握图片要表达的内容。

第二步，逐一分析图片，抓住图中最能表达故事主题的元素。

第三步，学生对故事的大致脉络有了了解后，组织语言，对每幅图进行描述，然后分段写下来，注意提醒学生通过给图中的人物命名及安排人物间的关系展开故事情节。

第四步，检查故事情节的完整性，是否涵盖了图片展示的每个细节，段落之间的衔接是否恰当。修改不恰当词句，指导学生多用关联词来保证故事情节衔接紧凑，并注意故事的趣味性。

第五步，学生交换故事，互相阅读借鉴，然后提交。提交后，教师可按照以下标准进行评分并指导修改：

表2　中文AP考试看图写作评分标准

6分	故事结构完整，脉络清晰，细节清晰，情节丰富有趣； 恰当运用连词使句与句、段与段之间衔接恰当； 运用了丰富词汇、成语或俗语； 广泛运用不同句法结构来叙述故事，并且没有语法错误； 无错别字。
5分	故事结构完整，脉络基本清晰，细节清晰，有较为详细的情节； 正确地运用了一些连词来连接句子或者段落； 词汇丰富，正确运用词汇、成语或俗语，并且只有零星错误； 句法结构多样且只有零星错误； 有个别错别字。

续表

4分	故事结构完整但缺乏细节描述； 故事情节衔接一般，连词运用不多，句与句、段与段之间的衔接不够紧凑自然； 词汇量较为丰富，用词和语法有错但基本得当，其中的错误不影响句子正确意思的表达； 存在少量错别字。
3分	故事结构不完整，脉络不清晰，故事情节单薄； 很少运用连词，句子和段落缺乏自然紧凑的连接； 词汇量少，句法结构较为单一； 存在部分会歪曲句子正确意思的语法错误； 较多错别字。
2分	单一描述图片或者逐条列出图片表述的内容，没有故事情节的叙述； 句子分散琐碎，极少或没有运用连词连接句子和段落； 词汇匮乏，句型结构单一； 存在大量影响句子正确意思表达的语法错误； 大量错别字。
1分	所写内容不能描述图片所示完整内容，缺乏叙述的元素； 句子不完整，词语零散不成句； 用词不当，句法结构错误； 大量错别字等使语意偏离，严重影响了要表达的意思。

第六步，给学生提供范文，让学生通过阅读范文、摘抄好词好句等方式，提高写作水平。

范例：游中国

今年暑假我去了中国旅游，我去了四个城市：北京、西安、上海和成都。

首先，我从美国坐了15个小时的飞机到达北京。北京是中国的首都，在那里我登上了著名的万里长城，中国人说："不到长城非好汉"，现在我也是"好汉"了。爬完长城，我去了一家叫"全聚德"的饭店吃了北京烤鸭，色香味俱全的北京烤鸭真的非常好吃！

游览完北京，我坐高铁去了历史名城西安。西安曾经是中国十三个朝代的都城，有很多历史建筑和文物。这次我去参观了壮观的秦始皇陵兵马俑，那些排列整齐、保存完好的陶俑、陶马让我印象深刻，它们真是了不起的艺术品！

然后我继续坐高铁去了现代化大都市上海。在外滩，我看到了欧洲国家以前在这里修建的漂亮建筑。晚上的外滩在黄浦江的映衬下格外耀眼。黄浦江对面是上海的金融中心——陆家嘴，著名的东方明珠塔就在那里。当夜晚来临，东方明珠塔的灯光闪耀，非常好看。

最后一站我去了大熊猫的故乡——四川成都。很多人都知道中国有大熊猫，我在成都就看到了传说中的大熊猫，熊猫们在养殖基地里生活着。它们那黑黑的眼睛、胖胖的身体十分可爱，我多想带一只熊猫回美国啊！

2. 回复邮件

设计回复邮件题时，教师应主要考虑学生的语言水平及当前的教学内容，可以让学生就课本中的一个人物写一封邮件，跟自己的朋友讲述课本中发生的事情。邮件写好后交由教师指导、修改后再跟同学交换阅读，然后学生要回复自己交换得到的邮件，最后再把回复的邮件交给教师指导和修改。通过这样的方法，学生不仅可以灵活地学习课本知识，还能熟悉AP考试的题型。

随着教学内容的深入和学生语言水平的逐步提高，教师可对学生写的邮件提出一些针对性的要求，以提升他们的写作技能；也可以自己写邮件给学生，让他们回复。

Read this e-mail from your friend Wang Hai and then type a response.

发件人：王海

邮件主题：带什么礼物去高朋家做客？

亲爱的朋友：

高朋的爸爸、妈妈从中国来看他了，他们听说我在学中文，跟高朋也是特别好的朋友，所以邀请我这个星期六去他们家吃晚餐，他的爸爸会下厨做一些很地道的中国菜。我接受了他们的邀请，但是我还不知道要带什么礼物给他们，我不太了解中国的礼仪，不知道拜访朋友的父母时该送点什么好。听很多朋友说可以送茶，但是我想他们在中国可以喝到很多好茶，美国的茶不一定合他们的胃口。如果送一些美国本地的东西，你觉得可以吗？你觉得送点什么比较有特色呢？

希望你看到邮件后能给我一点儿建议，谢谢！

王海

2017年9月26号

在指导学生练习回复邮件题时，教师可根据AP考试要求，对学生提交的作业从以下几个方面进行指导、修改，并在1—6分的范围内评分。

※ 任务的解决

是否解决了邮件里提到的问题，语句组织是否合理，是否清楚表达了自己的意思，是否善于运用连词让句子与句子、段落与段落之间的联系自然紧密，最后，读邮件的人是否能够通过邮件得到问题的答案，并清晰地知道邮件要表达的意思。

※ 词句的使用符合特定语境

是否根据写邮件人的身份、事情发生的场所以及需要解决问题的种类等来确定所用词语和句子，使之符合该语境。

※ 语言的使用

词汇是否丰富，成语、俗语使用是否准确，句法结构是否多样，是否存在过多语法错误，语法错误是否影响到了语意的表达。

※ 邮件格式和礼仪

有没有称呼和落款，称呼是否合理等。

评分后，教师应在批注中指明学生需要进一步修改的地方，并提供范例作为参考。

范例

王海：

你好。

祝贺你有口福了！我听高朋说过，他爸爸的厨艺非常好，好像还做过厨师呢。

至于带什么礼物给他爸妈，我觉得你想的也对，他爸妈在中国肯定喝过不少好茶，现在大老远来到了美国，应该让他们尝一尝美国的本土美食。美国的甜点做得非常好，在中国不容易吃到。我想你可以去我们这里有名的甜品店为他们订一个有特色的大蛋糕，让他们尝尝。晚餐时，地道的中国菜与地道的美国甜点一起出现在餐桌上，既饱眼福又饱口福，而且你还可以借此找到聊天的话题，跟高朋的爸爸聊聊中美美食的差异。

以上是我的一点儿小建议，希望能对你有帮助。

李好

2017年9月27号

• 情景四：口语练习

1. 模拟对话应答

口语考试中，学生需要口头回答6个问题。教学中，教师可结合目前的教学主题及已教知识，设计口语问题并录音，在网站上进行发布，学生可在线回答并提交录音。练习初期不限制时间，后期再按照考试逐步做限制。练习时要注重培养学生边听边做笔记的习惯，一边听录音，一边记录关键词；回答问题时，如果学生一时想不出该怎么回答，教师可以提醒学生复述问题，边复述边思考答案。

AP考试时，每个问题有20秒的答题时间，回答时间到了，录音就会停止，自动进入下一题。录音停止之前考生回答的内容都会作为答案进行评分，因此考生不必担心超时扣分，尽量表达清楚自己的答案即可。

答题准备时间：4分钟
表达录音时间：2分钟

You have applied for a volunteer job in a Spring Festival cultural exhibition in your city. Now you will have a conversation with an interviewer from the exhibition organizer. She will ask you some questions about Spring Festival. Respond as fully and appropriately as possible.

1. 请先谈谈你对中国春节有哪些了解。
2. 你觉得中国的春节和美国的什么节日最相似？为什么？
3. 你给家人和朋友介绍过春节吗？
4. 你曾经在学校参与或组织过什么样的春节活动？
5. 你为什么想要加入这次活动的志愿者工作？
6. 在活动中，你会怎么解释中国人在春节喜欢用红色装饰家里的习俗？

教学中，教师可按照下面的标准对学生答题的录音做修改指导，在1—6分的范围内评分。

※ 回答是否迅速、准确、详细，语言使用是否符合语境需求，语句是否通顺流畅。

※ 语音语调是否准确、自然、平和，发音是否标准，语言是否符合场合。

※ 用词是否丰富，语法是否正确，句法结构是否多样。

教师同样可以给学生提供范例，学生在学习过范例文本后，要再一次将范例当作自己的答案做录音，比较两次录音的不同之处。

范例

1. 春节是中国一年之中最盛大的节日，也称“过年”，相传春节和传说中的年兽有关。每年的农历腊月三十是除夕夜，人们会与家人团圆，吃团圆饭、吃饺子，放烟花和鞭炮，还会坐在一起看电视，很多人喜欢看春节晚会。
2. 我觉得春节和圣诞节最相似，因为两个节日都是两个国家最为盛大的节日，人们也都会在这个节日和家人团聚。中国人会在春节给小孩发红包，美国人也会在圣诞节给小孩准备圣诞礼物。红色也是这两个节日的共同颜色。
3. 我经常给我的家人和同学介绍春节，告诉他们春节的来历以及人们的庆祝方式。每当春节到来的时候，我会给我爸妈介绍一些中国春节的习俗，也会在学校教同学做节日手工。
4. 去年春节的时候，我和学校的中国留学生一起组织了民族舞蹈、中文歌曲等春节演出节目。还在学校设置了很多关于春节文化的摊位，供前来观看演出的家长和学生了解春节。

5. 因为我觉得我对中国的春节文化有较多了解，因此我非常想加入这次志愿工作，为当地的人们讲解春节文化，希望他们能够通过这个特别的窗口，更好地了解中国人是怎么庆祝这一盛大的节日的。
6. 对于中国人来说，红色是好运、幸福的象征。中国人很喜欢红色，盛大的节日当然也要用最能代表快乐的红色装饰！所以春节的时候，人们会贴上红色的春联、红色的“福”字，挂上红色的中国结……寓意“红红火火”。

2. 文化描述

口语考试的文化知识阐述部分要求学生对中国某一传统文化或习俗做介绍，并说明该文化或习俗的意义。教师在日常教学中可分为两段教学：在学年初期，以常见的中国节日如春节、中秋节、教师节等为主题设计题目；学年后期，按照AP考试的时间要求来控制学生的练习时间，逐步适应考试节奏。

Describe Chinese Teacher's Day, discuss the differences between Chinese Teacher's Day and teacher appreciation week in the US, and talk about the significance of Chinese Teacher's Day in the Chinese speaking world.

教学中，教师可使用会话部分的评分标准对学生的答案做指导、修改和评分，之后再给学生提供范例，学生可以先学习范例文本当中的文化知识和语言点，然后进行录音。

范例

每年的9月10号是中国的教师节，这一天，人们会用各种方式来表达对教师的尊重和感谢：学校会开会表彰优秀的教师，或者组织学生进行歌舞表演；学生也会把板报设计为教师节的主题；有的学生还会自制礼物或者贺卡送给老师。

美国的教师周在学年末尾，时长是一周，主要是为了感谢教师辛苦一年的工作，常常会以校方、家长联合会以及学生的名义表达对教师的感谢。也就是说，中美两国“教师节”的时间、时长以及庆祝方式都不太一样。

对于中国人来说，教师是一份神圣的职业，担负着教书育人的职责，教师的工作决定着国家的未来。虽然教师节不是中国的传统节日，但是教师节的建立，体现出中国人对教师的尊敬。

分析

• 案例分析

从中文AP考试题型可以看出，AP考试从理解诠释、人际沟通和表达演说三个方面，并融合中国文化知识及礼仪常识等多种要素，综合评估学生的中文能力。

理解诠释是指学生对中文语料的理解能力，阅读理解的材料用中文，学生用英文作答，就是在考查学生这一能力；**人际沟通**是指学生在语境中交际的能力，口语第一部分要求学生先理解问题，再回答，就是考查学生的这一能力；**表达演说**是在前两者之上的更高要求，在写作的看图写故事和口语的文化描述中，要求考生进行段落叙述就是考查学生这一能力。

因此在AP教学过程中，教师需要从上述三个方面设计教学内容和活动，训练学生达到以下要求：

1. 要求学生理解同一语意的不同表达方式，而不是停留在用单一表达方式不断操练的层面。这可以帮助学生在AP考试中，运用地道的中文进行表达。
2. 更加注重学生发音的准确度，发音标准有助于增加学生在口语考试中的自信，让学生更加流利自然地表达语句，并能避免因发音不标准带来的歧义。
3. 训练学生使用更丰富的句式来进行表达，加强连词的教学和运用，加强成段写作、文章写作的训练，注重写作逻辑。
4. 中国文化、历史、地理知识的积累要更加广泛和深入，学生不仅要了解某一文化点，还要能够针对这一文化点阐释自己的观点，说明中国文化的概念及其代表的意义。

• 教学准备

日常教学中，教师应该结合AP考试的内容和要求设计教学活动，提升学生的语言水平和运用能力：

1. 扩充词汇量。收集各类中文课外读本，挑选生词量多、贴近生活、可运用到AP考试中的语料，供学生阅读使用。制作空白生词表，学生在第一次阅读读本时，将不认识的生词记下来，再进行第二次阅读，根据文章意思猜测生词含义。之后教师结合文章讲解生词，学生记下生词含义，识记背诵，做听写测验。

学生可以运用和掌握的阅读策略：

(1) 预测文本主旨

(2) 快读

(3) 扫描寻找特定段落

(4) 理解主旨

(5) 过滤干扰信息

(6) 猜测和分析

(7) 精读

(8) 推断

(9) 断定作者的态度

2. 提高阅读理解能力。利用学生之前读过的文本内容，按照AP考试阅读理解的题型，编写题目，训练学生，考查他们的理解程度，然后讲解题目。
3. 听力训练。按照AP考试设计听力题目，并随着学生中文水平的提高，层层递进，增加词语和句量，让学生渐渐熟悉这种题型，之后便可以开始使用AP考试原题或者模拟题进行训练了。
4. 口语提升。制定主题，采用师生模拟对话的方式进行针对训练。初期，教师要为学生提供答题方向（必要时提供草稿），给学生充足时间组织语言并作答；充分训练后，按照AP考试的要求，让学生限时作答，教师进行针对指导。

 - 每次的师生模拟会话都要进行录音，之后发给学生重听，发现不足。
 - 教师每两周给学生定一个文化主题，并提供必要的生词，学生查询相关知识，做陈述，反复练习并录音，教师听录音后及时反馈，学生再根据反馈修改录音，然后再录音、再修改，以此类推。

5. 写作练习。看图写话可以运用AP考试模拟题进行训练，促进学生生词量的累积和成段写作能力的提升；邮件回复可以采用师生邮件交流的方式进行训练，每周给学生发一次邮件，每次都涉及不同的话题。此外，对学生作业的修改也可在邮件往来中进行，以提升训练效果。
6. 文化知识扩展。教师可以在教室固定位置设置一个AP中文书柜，放置各类文化读本，制作借书申请表，要求学生每个月借阅一本书，阅读后需要列出三个以上印象深刻的文化知识点，并做简要阐述。阐述的方式可以是口语录音，也可以是书面写作。
7. AP模考。每年从三月份开始，让学生做整套AP模拟题，帮助学生熟悉AP考试的感觉。四月份开始，给学生讲解考试注意事项，以及考试中各类突发情况的应对策略。

- **友情提示**

一旦确定要训练学生参加AP考试，就要把AP考试作为每堂课教学设计的终极目标，一切教学活动都要为AP考试服务，坚持对学生高要求、不放松。

另外，AP考试的教学准备工作量大，教师要整合大量资料和题库，学生也需要更多的练习时间，这就需要花费教师大量的时间，因此教师需要做好牺牲业余时间的准备。

拓展练习

1. 如果你是AP教师，你会从哪些方面去提升学生看图写作的水平？
2. 你觉得在扩展学生文化知识方面有哪些有效的策略？

【编者　盛群杰】

02 汉语水平考试（HSK）

背景

为适应世界各地汉语学习者对汉语考试的需求，孔子学院总部／国家汉办先后研发并实施了汉语水平考试（HSK）、汉语水平口语考试（HSKK）、中小学生汉语考试（YCT）、商务汉语考试（BCT）和孔子学院／课堂测试（HSKE）等多种汉语考试，为汉语学习者考查学习成果、申请留学中国、申请来华留学奖学金、学校开展教学评估以及用人单位员工招聘和晋升等提供客观有效的测试标准与依据。

截至目前，全球共有汉语考试考点1300余个，分布于海内外数百个国家与地区，每年有超过500万人参加由孔子学院总部／国家汉办举办的各类汉语考试。

HSK考试介绍

HSK（汉语水平考试）是一项国际标准化考试，重点考查汉语非第一语言的考生在生活、学习和工作中运用中文进行交际的能力。考试等级包括HSK（一级）、HSK（二级）、HSK（三级）、HSK（四级）、HSK（五级）和HSK（六级）。目前，HSK已成为留学中国的通行证，是外国来华留学生申请奖学金的必备条件，也是学校汉语教学评估的重要手段，并被越来越多的国家政府部门和跨国企业作为员工招聘、提薪和晋升的重要依据。

表1　HSK各等级能力要求及与《国际汉语能力标准》《欧洲语言共同参考框架（CEFR）》的对应关系

HSK	词汇量	能力要求	《国际汉语能力标准》	《欧洲语言共同参考框架（CEFR）》
一级	150	能理解并使用一些非常简单的汉语词语和句子，具备进一步学习汉语的能力。	一级	A1
二级	300	能用汉语就生活中一些常见的话题进行简单而直接的交流。	二级	A2
三级	600	能用汉语完成生活、学习、工作等方面的基本交际任务。	三级	B1
四级	1200	能用汉语就比较复杂的话题进行交流，表达较为规范、得体。	四级	B2

续表

<table>
<tr><th>HSK</th><th>词汇量</th><th>能力要求</th><th>《国际汉语能力标准》</th><th>《欧洲语言共同参考框架（CEFR）》</th></tr>
<tr><td>五级</td><td>2500</td><td>能用汉语就比较抽象或专业的话题进行讨论、评价和发表看法，能较轻松地应对各种交际任务。</td><td rowspan="2">五级</td><td>C1</td></tr>
<tr><td>六级</td><td>5000+</td><td>能用汉语自如地进行各种社会交际活动，汉语应用水平接近汉语为母语者。</td><td>C2</td></tr>
</table>

HSKK（汉语水平口语考试）采用录音形式，主要考查考生的汉语口头表达能力，分初级、中级和高级。

表2　HSKK各等级考试能力要求及与HSK、《国际汉语能力标准》对应关系

<table>
<tr><th>HSKK</th><th>词汇量</th><th>能力要求</th><th>HSK</th><th>《国际汉语能力标准》</th></tr>
<tr><td rowspan="2">初级</td><td rowspan="2">200</td><td rowspan="2">可以听懂并用汉语口头表达较为熟悉的日常话题，满足基本交际需求。</td><td>一级</td><td>一级</td></tr>
<tr><td>二级</td><td>二级</td></tr>
<tr><td rowspan="2">中级</td><td rowspan="2">900</td><td rowspan="2">可以听懂并用汉语较为流利地与汉语为母语者进行交流。</td><td>三级</td><td>三级</td></tr>
<tr><td>四级</td><td>四级</td></tr>
<tr><td rowspan="2">高级</td><td rowspan="2">3000</td><td rowspan="2">可以听懂并用汉语流利地表达自己的见解。</td><td>五级</td><td rowspan="2">五级</td></tr>
<tr><td>六级</td></tr>
</table>

情景再现

• 情景一：举行HSK考试

在美国举行HSK考试，可以让更多的人了解中文项目。举行考试需要很多部门的配合，需要仔细地做好前期准备。以下是李老师和校长针对举行HSK考试的往来邮件。

Hello, Mr. Smith.

I am writing to ask about arranging for our students to take the HSK test to assess their Chinese language proficiency. Last year, my students took the HSK at a testing site, but the guidelines indicate that we can administer the test on campus this year.

The following is some information about this test excerpted from a document titled *HSK (Chinese Proficiency Test):*

- The tests are internationally recognized and approved by State Department of Public Instruction as external exams for Global Languages Endorsement on diplomas.
- No cost to students if using Confucius Classroom Grant to cover the testing and mailing fee.
- Multiple differentiated test levels are available to accommodate a wide range of Chinese language proficiency levels and student age.
- Participating students will receive official certificates and score reports with feedback on their language skills.
- Selected top performing students will be awarded in a recognition ceremony.

Is it alright with you if I hold the HSK test at our school this year? If so, I will make arrangements.

Thank you!

I do not have any problem with this. I think it would be good for the students who want to participate.

Thank you, Mr. Smith!

- **情景二：考试前的准备与教学**

李老师得到通知的时间是9月，HSK考试的时间是次年1月8日。以下是李老师组织考试的时间表：

表3　李老师组织HSK考试的时间表

9月	征询学监和校长有关参加HSK考试的意见。
	确定参加HSK各等级考试的学生。
	订购考试用书及考试大纲等相关资料。
	建立HSK考试文件夹。
	初步制定HSK教学时间和方法。
	中文二、中文三学生开始相应的学习。
10月—11月	中文一学生开始学习。
	帮助学生完成网上报名。
	李老师通过考试获得A级认证资格。
12月	确定考试名单和费用，并发给考试中心。
	联系财务缴费。
	按照正规标准布置考场，和Media Center确认借用场地（李老师的教室不够大）、使用时间和需要准备的东西。
次年1月	开始正规模拟强化训练。
	收到考试材料及学生准考证。下载准考证。
	准备考场，调试音响，张贴宣传材料。
	协调学生考试时间，确保学生不会缺考。
	考试：填写考试纪要，扫描答题卡，并邮寄考试材料。

既然HSK的设计是衡量学生汉语使用能力，那么帮助学生通过各等级HSK考试，也就可以作为老师的教学方向。**HSK考试只是手段，不是目的，**借HSK考试，以考促教、以考促学、考教结合。李老师挑选了一套符合HSK考试大纲的教材，并辅助使用了一套其他教材。她把教材里的话题编成了一篇自我介绍，让学生在期末时仿写并口试，把教材中的延伸阅读当作家庭作业让学生自学，并适当补充了相关的文化内容到课堂教学中，同时将练习册作为bell work的材料，使用真题进行模拟训练。

另外，她将教材、练习册、真题等与HSK考试相关的材料收集、整理到文件夹中，把教材中的HSK各级达标词汇和句型发给学生，让他们明确需要掌握的知识点，并制作HSK各级达标词汇的词卡（正面写汉字、背面写拼音和注释）和词图幻灯片，训练学生听力词图配对和阅读词图配对等。

- **情景三：找对方法鼓励学生学习**

李老师第一次组织考试时，将HSK考试成绩与期末考试成绩挂钩，以鼓励学生更好地准备考试。那些担心自己通不过考试的学生和想考出好成绩的学生不仅上课更专心了，还主动要求去李老师的教室补课，增加额外的训练。

- **情景四：和中国结缘**

沈乐在2016年HSK考试中成绩优秀，获得了到中国留学的奖学金。从中国回国后，沈乐告诉李老师，她非常喜欢中国，还想请李老师帮助她再去中国，李老师建议她申请去中国留学一到两个学期的奖学金。她听了后就立刻按李老师说的在网上报名，并按李老师的要求仔细复习了HSK词汇和话题。一个月后，她的成绩出来了：HSKK初级60分，加上之前HSK二级满分的优秀成绩，她获得了去中国学习三到六个月的奖学金申请机会。为了能更好地在中国学习，李老师建议她通过HSK三级考试之后再申请奖学金，她采纳了李老师的建议，正在积极准备中。

HSK考试让学习者找到了继续学习汉语的动力和乐趣。

- **情景五：机会无限**

沙威因为HSK一、二级成绩都不错，被美国Google公司选中派往中国重庆分公司工作。他到中国不久，就很快“捡”起了久未使用的中文知识，还结识了一位非常漂亮的中国女孩。为了更好地开展工作和追求中国女朋友，他现在学习中文动力十足，每天大量地练习听和说。

学习中文给沙威带来了令人羡慕的机会和缘分，让他得以在中国发展，甚至因此成就一份美好的姻缘。

- **友情提示**

1. **制定一份清晰的HSK考试时间表很有用**

   每年HSK考试都有笔试和网考的多个考试时间。教师们要根据自己考点组织考试的时间来调整自己的教学进度和内容。

   如果考试是在圣诞节之后，教师要更注意考试前的强化练习，因为过了一个假期，学生对学习内容的遗忘率会很高，模拟训练能让他们迅速找到感觉。教师可以选择国家汉办／孔子学院总部官方推出的《HSK真题集》。

2. **将HSK考试成绩与期末考试成绩挂钩**

   为了使尽可能多的学生加入考试并重视考试，教师可以将HSK考试成绩与期末考试成绩挂钩。

3. 记词好工具

教师可以使用Quizlet、魔方汉语网（www.morefunchinese.com）巩固学生的词语学习，还可以用其测试部分编写试卷并打印出来作为bell work使用。

做练习的时候可以允许学生查书，先做好的学生可以玩Quizlet里的词汇—拼音—词义配对游戏。这个过程促使他们开动脑筋，查阅参考资料，而不是机械地抄写，对学生熟悉和掌握词汇很有帮助。

4. 组织HSK考试

组织HSK考试可以让更多人有机会了解中文项目，从长远角度看，也有利于学校中文项目稳步发展。组织HSK考试，有几个条件：

（1）学校最好有孔子课堂。

（2）组织考试的教师最好持有汉考国际颁发的汉语水平考试A证——具有主考官资格，并在证书有效期内承担汉语考试的各项考务工作。

提示：学校可以在线申办考点（申请网址为www.hanban.edu.cn/tests/node_7482.htm）。教师可以搜索“HSK主考官”，进行模拟练习，了解《汉语水平考试管理手册》后对自己进行测试，准备好了就可向当地孔子学院或考点申请考HSK主考官资格。

第一次考试的成功举行对之后定期组织考试有很大的推动作用。

5. 申请孔子学院奖学金

要想申请“孔子学院奖学金”（申请网址为www.chinesetest.cn/scholarshipApply.do）去中国学习，学生须同时持有HSK和HSKK的成绩报告。所以，教师平时教学一定要重视学生听、说、读、写能力的共同提高。

【编者　楼巧英】

03 中小学生汉语考试（YCT）

YCT考试介绍

YCT（Youth Chinese Test，中小学生汉语考试）是一项国际汉语能力标准化考试，考查第一语言非汉语的中小学生在日常生活和学习中运用汉语的能力。考试分为笔试和口试两部分，且二者相互独立。笔试包括四个级别，口试包括初级和中级。

YCT各等级与《国际汉语能力标准》《欧洲语言共同参考框架（CEFR）》及HSK的对应关系如下表所示：

表1 YCT各等级与《国际汉语能力标准》《欧洲语言共同参考框架（CEFR）》及HSK的对应关系

YCT	HSK	词汇量	《国际汉语能力标准》	《欧洲语言共同参考框架（CEFR）》
	六级	5000及以上	五级	C2
	五级	2500		C1
	四级	1200	四级	B2
四级	三级	600	三级	B1
三级	二级	300	二级	A2
二级	一级	150	一级	A1
一级		80		

《YCT考试大纲与应考指南》中，对YCT考试等级和学生能力的对应关系做了说明：通过YCT（一级）的考生可以理解并使用最常用的汉语词语和句子，具备进一步学习汉语的能力；通过YCT（二级）的考生可以理解并使用一些非常简单的汉语词语和句子进行问答；通过YCT（三级）的考生可以用汉语就生活中一些常见的话题进行简单而直接的交流；通过YCT（四级）的考生可以用汉语完成生活、学习等方面的基本交际任务。

2016年版《YCT考试大纲与应考指南》主要包括YCT话题大纲、任务大纲、语言点大纲和词汇大纲，以交际话题和语言任务为引领，重点描述学生在每一级别的词语、语言点限定内“能做（can do）”什么。

表2　YCT考试大纲（一级）话题大纲部分（节选）

一级话题（4项）	二级话题（12项）	三级话题（37项）
信息表述	人物信息	姓名、年龄、国籍（中国）、家庭情况、职业（老师）、体貌特征（口、耳朵、鼻子、眼睛、个子、手、头发）、喜好（饮食偏好、动物偏好、厌恶）、身心状况（高兴、不高兴）、人物关系（老师、爸爸、妈妈、姐姐、哥哥、不认识）
	事物信息	事物的领属
	时间信息	时刻（点）、日期（号、月、星期、今天、明天）、时长（天数）
	处所信息	处所（哪儿、家、学校、商店、中国）、位置（哪儿、这儿、那儿）
	数量信息	数字、人数、水果数量

表3　YCT考试大纲（一级）任务大纲部分（节选）

	任务	目标
1	相互认识	（1）能认出图片中的父母、老师等人物关系。 （2）能听懂别人简单的自我介绍。 （3）能就姓名、年龄、国籍、体貌特征等进行简单的自我介绍。
2	了解五官	（1）能认清图片中的五官、手和头发。 （2）能在游戏中听懂他人发出的指认具体五官的指令。 （3）能和同学互相说出五官、手和头发的简单特征。

表4　YCT考试大纲（一级）语言点大纲部分（节选）

	类别	细目	内容	示例
1	名词	时间名词	月	十月九号
			星期	星期一
2	数词	基数	1～99	现在13：50。
3	量词		个	他有三个苹果。
			口	我们家有四口人。
			号	今天是四月几号？
			点	三点

表5 YCT考试大纲（一级）词汇大纲部分（节选）

	词语	拼音	词性	级别
1	爱	ài	动词	一级
2	八	bā	数词	一级
3	爸爸	bàba	名词	一级
4	鼻子	bízi	名词	一级
5	不	bù	副词	一级
6	长	cháng	形容词	一级

YCT笔试题型主要有三种：听力、阅读和书写（“书写”仅出现在四级考试中）。听力有听词语、听句子和听对话，阅读主要是读词语、读句子和读对话，书写主要是连词成句和填字完成句子。

表6 YCT考试听力主要题型

		YCT1	YCT2	YCT3	YCT4
听力	第一部分	听词语，判断图片和词语是否一致	听词语，判断图片和词语是否一致	听句子，判断图片和句子是否一致	听对话，判断图片和对话是否一致
	第二部分	听词语，选择图片	听句子，选择图片	听对话，选择图片	根据图片，选择你听到的句子
	第三部分	听句子，判断图片和词语是否一致	听对话，选择图片	听句子，回答问题	听对话，回答问题
	第四部分	听对话，选择图片	听句子，选择文字选项	听对话，回答问题	听句子，判断句子和听到的句子是否一致

表7　YCT考试阅读主要题型

		YCT1	YCT2	YCT3	YCT4
阅读	第一部分	读词语，判断图片与词语是否一致	读词语或短语，判断图片与词语是否一致	读对话，选择图片	根据图片，选择句子
	第二部分	读句子，选择图片	读对话，选择图片	根据图片，选择句子	读句子，选择句子
	第三部分	选字完成对话	读句子，回答问题	读句子，回答问题	选词完成对话
	第四部分	无	选字完成对话	选字或词语完成对话	根据句子意思选词完成句子

例如：丢　他　了　把　手表

他把手表丢了。

例如：你出去的时候，别忘了（guān 关）灯。

YCT考试书写题题型示例

YCT考试有专门的成绩报告，考试结束后3周内，考生将获得由国家汉办颁发的新YCT成绩报告。

YCT考试准备

本文主要说明如何做好YCT笔试的准备。口语可以借鉴笔试的准备，并参看YCT口语考试说明。

1. 点、线、面全面准备

▶点（点点积累）

主要从词汇方面来准备。可以借助Quizlet网站上的词汇练习、测试、游戏等进行准备。

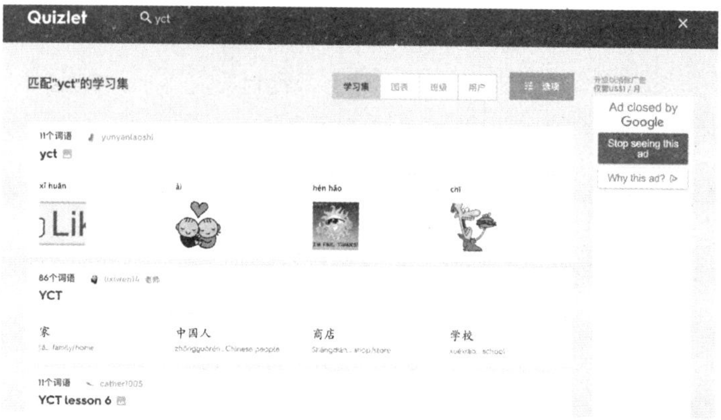

Quizlet上的YCT学习集界面

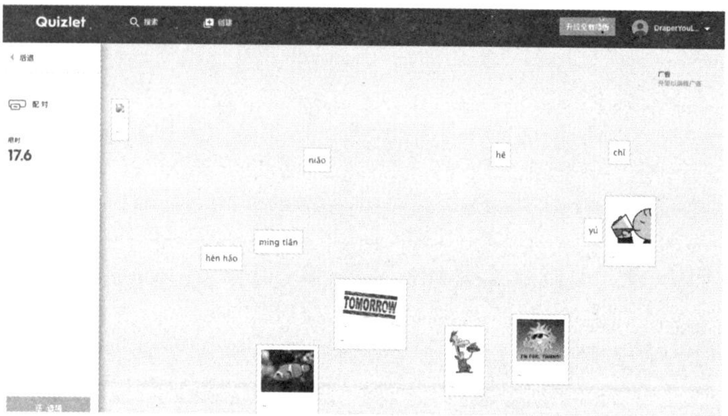

Quizlet上的词语搭配游戏界面

也可以使用Kahoot网站进行在线词汇竞赛。学生可以在电子设备上输入教师分享的课程码（code）进入比赛房间。比赛开始后，每答对一题，学生会根据正确回答问题所用时间的多少而得到不一样的分值，学生可以实时看到排名前三的同学。这样的游戏方式让学生的参与程度和学习热情都非常高。

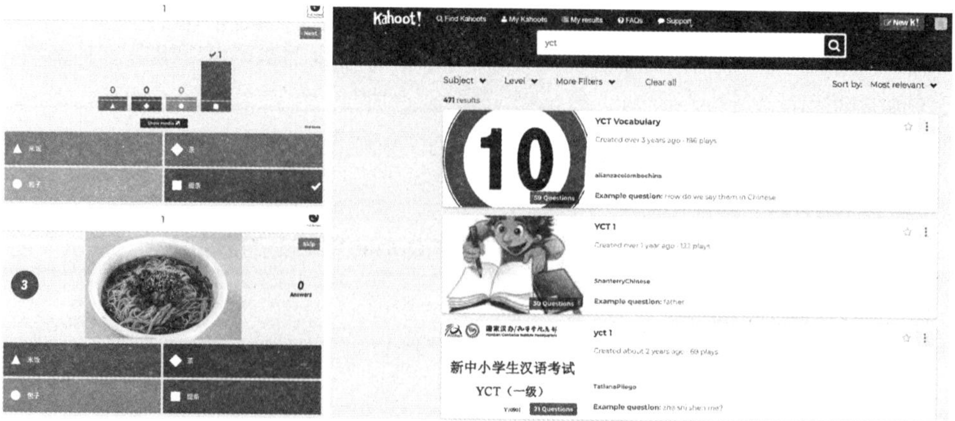

Kahoot上的YCT词汇复习资源及游戏题目界面

传统的词语卡片也是复习词汇的重要方式。Quizlet、Yes! Chinese、Arch Chinese、魔方汉语网等网站上都可以方便地制作传统词卡。

复习词汇一段时间后，可以让学生做词汇的自我检测。一种方式是把所有的词语打印在一张纸上，让学生圈出自己认识的字并读出来，并让学生对照词汇表自行检查、订正。

通过魔方汉语网制作的词卡

▶线（线线交织）

主要从句子、对话层面来准备。Quizlet上有在线句子练习、测试、游戏等，Kahoot上也可以让学生进行在线句子／回答的竞赛。

Quizlet上关于句子操练的活动界面

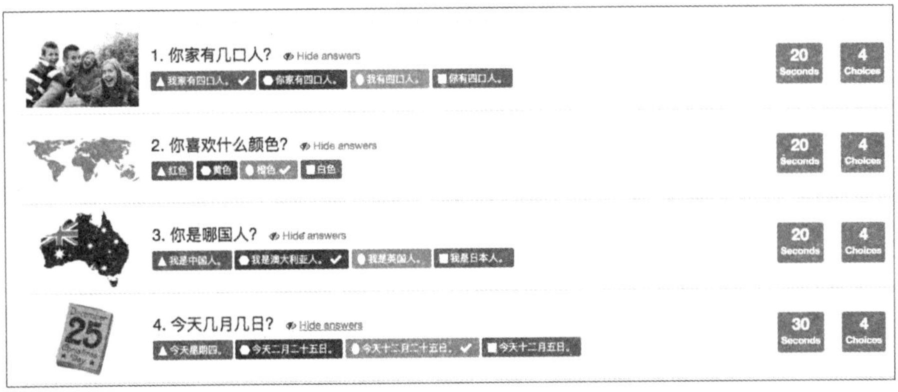

Kahoot上关于句子操练的活动界面

根据YCT大纲可以整理出YCT的问题集，在平时上课的时候可以用作学生操练对话的材料。

YCT问答题

1. 你叫什么名字？你最喜欢什么颜色？为什么？
2. 一年有多少个月？你的生日在几月？
3. 一个星期有多少天？你星期几上学？周末的时候你做什么？
4. 一年有几个季节？你最喜欢哪个季节？为什么？
5. 你的学校叫什么名字？你的学校里面有什么？你的学校怎么样？
6. 你最喜欢去哪里？为什么？
7. 你昨天和谁去打篮球？
8. 你旁边的人是谁？

▶面（面面俱到）

1. 全面地、综合地复习YCT词汇、语言点以及语言交际功能。

教师可以从市面上购买或者从网络上搜索YCT相关阅读材料资源，将YCT词汇巧妙地编成故事，并带领学生一起阅读这样的故事，或是让学生在家练习。Mandarin Matrix网站上可以付费获取这些资源。

2. 熟练题型、模拟考试。

在正式考试之前让学生熟悉考试的题型也能帮助学生应对考试。教师可以借鉴YCT的考试题型把中文单元考试的部分题型设计成类似的题目，既可以让学生熟悉题型，又可以让教师及时检测学生的学习效果。

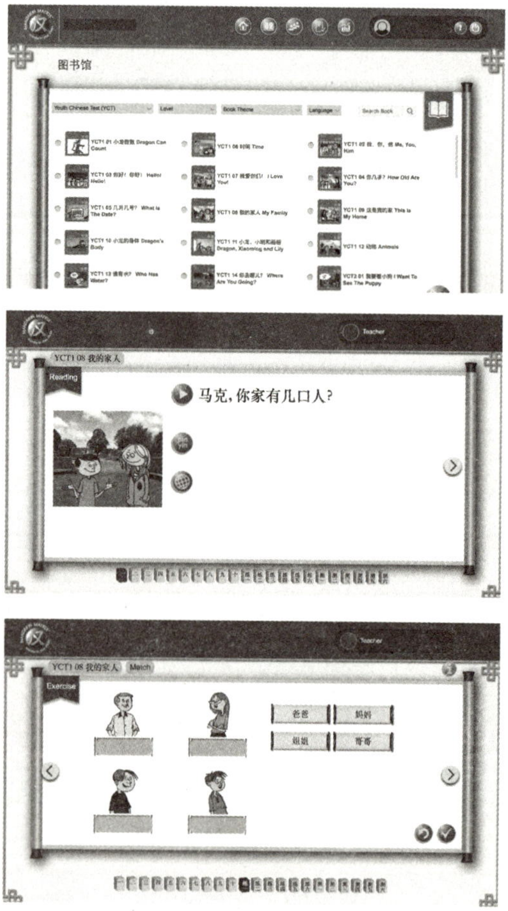

Mandarin Matrix中关于YCT的故事资源及配套的在线练习题

一、听力（2分）

A.  B.  C. 

1. □
2. □
3. □

4. A 你　　B 可以　　C 椅子

二、阅读（2分）

A. 可以　B. 看书　C. 喜欢　D. 雪	
1. A：我可以去外面玩雪吗？ B：你不可以去外面玩雪， 你可以在里面（　）。	2. A：你（　）我们的雪人吗？ B：我很喜欢。
3. A：我们的（　）人好看吗？ B：很好看。	4. A：下课了！我们去外面玩吧！ B：老师说，今天不（　）去外面玩。

三、根据图片判断词语对错（每题0.5分，共2分）

1. 学校（　）　2. 画画（　）　3. 写汉字（　）　4. 老师（　）

  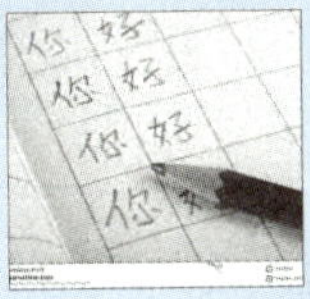

四、连词成句（1分）

例如：爱　你　我　➡　我爱你！

在　学习　中文学校　我　➡ ________________

附：听力文本

1. 你不可以去外面玩雪，可是你可以在里面看书。
2. 今天我不去上课，因为外面下大雪了。
3. 今天我要跟老师一起看书。
4. 我可不可以坐在这里？　A. 你　B. 可以　C. 椅子

为了让学生更加真切地熟悉YCT题目，老师还可以用YCT模拟题或真题让学生进行模拟考试。

还有一个需要着重训练的方面是填涂答题卡。教师需要在YCT考试之前带着学生练习填涂答题卡，以免考生在考场不知所措。

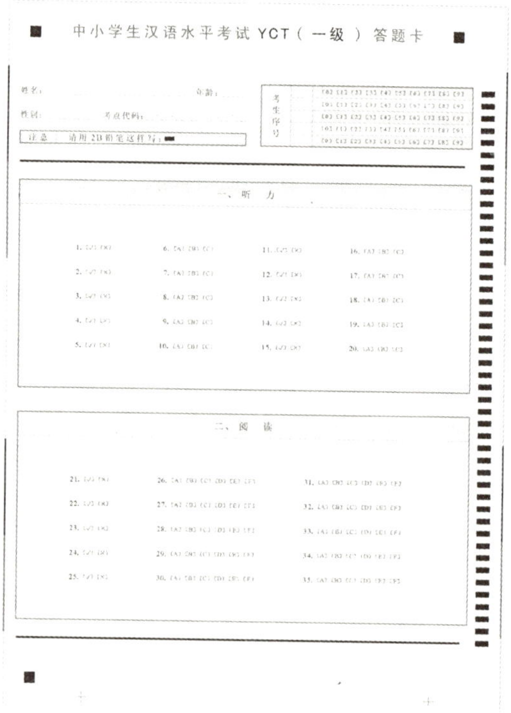

YCT考试（一级）答题卡

• **友情提示**

1. 课程教学是教师的主要任务，不要为了准备考试而大量占用课程教学的时间。理想的状态是把考试的词汇、语言点和语言交际功能的训练及考试准备自然融入到日常课程教学当中。
2. 语言的精熟水平（proficiency）是语言教学的最终目标。在注重通过考试检测学生对知识的掌握情况的同时，也要注重培养学生自然运用语言的能力。

拓展练习

1. 你觉得大量练习模拟题或是真题能否快速提高学生的考试成绩？
2. YCT一到三级都不考书写。如果你所教的学生对应的考试级别是YCT一到三级，是不是就不用刻意培养学生的书写能力呢？

【编者　游寅耀】

英语小智囊

语言误区

容易混淆的词：quiz, test, exam, examination

小提示：
- “quiz”指小测验；
- “pop-up quiz”指事先没有通知、随时进行的测试；
- “test”多指小考；
- “exam”是“examination”的缩写，指考试，尤指重要的考试。

例句：

（1） There will be a pop-up quiz for the new words we have learned today.

（2） We will have a test at the end of each unit.

（3） He’s already taken the entrance examination.

实境范例

1. 评分标准与打分

主观测试如口语表达或者语言任务一般没有固定的标准答案，但是要有详细的评分标准（rubrics），一方面方便老师打分，另一方面方便学生明白测试要求，更好地为考试做准备。

例句：

（1） According to our rubrics, your pronunciation, vocabulary, grammar, presentation and teamwork will take up 20% respectively.

（2） Grading system of Chinese class: class participation 20%, projects 30%, tests 30%, homework 20%.

2. 如何用考试激发学生的积极性?

美国学校为了激发学生的学习积极性，鼓励学生参与课堂活动，会给学生的各项学习活动打分，即本章第一节提到的“形成性评估（formative evaluation）”；每阶段也会有比较正式的考试，即“总结性评估（summative evaluation）”。

词汇：formative evaluation, summative evaluation

例句：

（1） Formative evaluation is a means for the purpose of tutoring students’ learning process in language teaching.

（2） A summative evaluation contains information about the final and long-term benefits of the program.

英语模板：中文课语言任务评分标准

Rubrics for Chinese Language Task

	40–50	**30–39**	**20–29**	**10–19**	**1–9**
Grammar	No grammar mistakes.	Perform with minor grammar errors.	Perform with a few grammar errors.	Perform with quite a few grammar errors.	Do not pay attention to grammar at all.
Pronunciation	Good pronunciation.	Perform with minor pronunciation errors.	Perform with a few pronunciation errors.	Perform with quite a few pronunciation errors.	Do not pay attention to pronunciation at all.
Fluency	Speak fluently without looking at the prompt.	Speak fluently without looking at the prompt with minor flaws.	Speak fluently with some stumbled sentences without looking at the prompt.	Speak brokenly and have to look at the prompt from time to time.	Read from the prompt.
Performance	Perform with proper emotion and body language.	Perform with proper emotion and body language with minor flaws.	Perform with some emotion and some body languages.	Perform with little emotion and body languages.	Perform without any emotion and body language.

第二章 沟通

第一节 与同事沟通

背景一

临近感恩节，王丽（Lily）搭同事Carol的顺风车去机场接了她刚到美国的家属。王丽主动要求支付车费，但同事表示乐意帮忙，不愿意接受车费。为表示感谢，王丽邀请同事一家到市区中餐馆吃饭。

情景再现一

同事Carol一家很喜欢吃中餐，王丽也在家招待过他们。于是王丽邀请Carol一家品尝“原汁原味”的火锅时，他们欣然接受了。他们点了一个鸳鸯锅和一些配菜。先上的肉丸、鱼丸、豆腐、肉片和黄瓜等很受同事一家的喜爱，分别品尝完清汤锅底和麻辣锅底后，一菜两吃的火锅让他们很满意。这时候，服务员端上来一盘虾，王丽问Carol要把虾放到辣的一边还是不辣的一边。

王丽：Carol, would you like it spicy or not?

Carol：（面露难色）Thanks. We are good.

王丽：You like to eat raw shrimp?（开玩笑地说）Or is it difficult to handle shrimp with chopsticks? I can help.

Carol：Well, I don't really like to eat shrimp this way.

王丽：Go ahead and try it! Shrimp cooked in a hotpot tastes really good; you could try the non-spicy kind first.

Carol: Well, I would try the shrimp if they were peeled, but I am not sure if I can deal with eating them with the head and shell still on.

王丽: Oh, I see. I can ask for peeled shrimp.

（王丽叫来服务员换了一盘虾仁。同时，服务员还端上了海带和牛百叶。）

Carol: What are these? Is that black stuff seaweed?

王丽: Yes, we eat a lot of this seaweed back in China. I like it a lot. Asian people think it's particularly good for women's health.

Carol: Hmm, and what is that white stuff?

王丽: That's ox tripe. It's a dish many people order when they eat hotpot.

Carol: OK, well, I think we'll pass on these two dishes.

王丽: OK, no problem. What else would you like to try? I can show you some pictures if you are not sure.

背景二

王丽很喜欢跟他人进行交流。她中午经常和美国教师一起吃饭、聊天。通过每天中午的交谈，王丽了解到了不少信息，也抓住了这个机会向大家介绍中华文化，同时她也深刻地感受到中美两国文化的异同。这天中午，同事们首先聊起了学生的问题。因为有个学生恰好在四个教师的班上都选了课，当一位同事谈起该生在课堂上的表现时，王丽和其他两位同事都深有同感。

情景再现二

Carol: I am really frustrated with David. I wrote to his mom and Mr. Green（副校长）and talked to him personally as well, but he is still not improving.

Shelby: You mean David B?

Carol: Yes.

王丽: You have him too? I just wrote him a referral last week. His mom apologized to me. She said that he loves Chinese class and promised that he would change his behavior.

Meg: You wrote him a referral? How is he behaving this week? He is also in my class.

王丽: This week so far so good, Mr. Green told him that if he doesn't change, he will be taken out of my class, so I think he will continue to improve.

Carol: He is not improving in my class.

Shelby: Mine either.

Meg: I made a special plan for him, and he is improving.

王丽: You know what? I tried all kinds of things before writing a referral, including sending him to the think chair, copying the classroom rules, and writing to his mom. He said he is so excited in my class that he just can't control himself!

Meg: I told him that if he can control himself and not disrupt others, I will give him a reward.

Carol: But that's unfair to other students. They may respond by becoming disruptive themselves.

Meg: No, the other students don't like him. They will be happy to see him rewarded for not disrupting others.

Shelby: You have great students!

王丽: That's an awesome idea! I am also considering changing my seating arrangement to create a " big U" and putting the disruptive students at the very front to separate them from the other students just a little.

Carol: I hope it works!

接下来，Shelby又聊起自己今天上课很累，因为昨天很晚才从女儿在外地的才艺比赛回来。由此，她们谈到了中美两国孩子课内外的作业和兴趣班的差异以及两国的教育差异。

Shelby: We didn't get home until almost 11 p.m. last night. My husband and I are so exhausted today.

Carol: Was this a big competition for your daughter?

Shelby: Yes, she was competing at the state level, and she has been training for the meet since last year.

王丽: What was the competition?

Shelby: Cheerleading.

王丽: Is cheerleading a kind of sport? I am not familiar with it.

Meg: Yes, it originated in the US, but it has spread to other countries in recent years.

Shelby: In fact, I was a cheerleader in high school and went to Japan to compete.

王丽: Wow! That's great! You must be an excellent coach for your daughter.

Shelby: Actually she has her own coach, but my husband and I, as well as my other daughter, support her by going to see every one of her meets.

Carol: That must be really time-consuming.

Shelby: Yes, it is. And by the time you add up the gas, hotel rooms for four people, meals, entrance tickets and treats, it gets pretty expensive too.

王丽: In China, we often talk about the fact that students are over-burdened with homework and after-school classes. It seems like you have a similar situation here.

Meg: Speaking of homework, do you guys know what my nephew's homework for civics class was last week?

Carol, Shelby, 王丽: What?

Meg: A 20-page paper about the US Constitution!

Shelby: That sounds like an assignment for a university student.

Meg: But he is a middle-schooler!

Carol: What was that teacher thinking?

王丽: Really? A 20-page paper about the Constitution for a middle-schooler? It would be hard for a Chinese university student to handle a paper of this length!

Meg: Yes, and his teacher only gave the students a week to do it.

Carol: That makes no sense.

王丽: Did your nephew do it?

Meg: Yes, he had to. He read several books and spent a huge time on the writing. He ended up submitting it in time.

王丽: That would have been impossible for me to pull off!

Meg: I would not be able to pull it off either.

王丽: Now I have something to tell the Chinese parents when I go back to China.

Carol: I know from watching a YouTube video that some public schools in Britain are hiring Chinese teachers and asking them use a Chinese teaching style. I wish we could do that here.

王丽

Chinese parents would be surprised to hear you say this. Many parents are enthusiastic about learning from the US, and they spend a lot of money getting their kids to the US so that they can attend school here.

Meg

I agree with Carol.

Shelby

I also saw that video. And since you are working here, Lily, I got curious and read a bit more on the Internet. I found out that Chinese students come into high school with a much better foundation than our students. Our students' reading skills are poor, and we don't teach grammar any more.

王丽

No wonder my students make so many grammatical mistakes in English. They even joked that I could teach them English.

Meg

Yes, I was not taught formal grammar when I was in middle school.

Carol

I also heard that you have longer breaks between classes and a 2-hour break at noon?

王丽

Yes, when I was in middle school, our morning work usually ended around noon., and then we got back to work at 2 p.m.

Shelby

I wish I worked in China.

王丽

You should come teach in China! We also have at least 90 days for **maternity leave**[1].

然后她们又聊起了产假和保险。从聊天中，王丽了解到很多美国同事都享受不到带薪产假和国家基本医疗保险。

关键词

1. **Maternity leave：产假。中国的女职工生育享受98天产假，难产增加产假15天，生育多胞胎的每多生育一个婴儿增加产假15天，且国家规定女职工有带薪休产假的权利，并可以在产前申请。**美国没有联邦政府统一的法定带薪产假制度，联邦《家庭与医疗休假法》只规定职工数在50人以上的企业需要为员工提供12周的无薪产假。

分析

• 案例分析

在情景一里，王丽比较谨慎，她先就口味征询了同事的意见。虽然同事表示愿意尝试火锅，但是显然她对中国人常吃的火锅配菜并不了解。他们对肉丸、鱼丸、豆腐、肉片和黄瓜等感兴趣并不代表他们能接受所有的火锅配菜。好在王丽没有勉强，而是马上换掉了Carol一家不喜欢的菜。如果王丽在点菜前把图片给同事看下并简单介绍下所点菜品，此情况则可避免发生。

情景二真实地再现了国内中文教师与美国同事交流的情景。不难发现，王丽积极融入国外工作氛围，周围的同事也向她敞开心扉。四位教师利用午饭时间交流了中美两国的生活和文化信息，王丽也在不经意间影响了同事对中国文化的关注度和态度。

• 文化点

1. 在美国，人工费很贵，公共交通，尤其是城际交通远不及国内发达，租车对于大部分国内中文教师来说也是比较贵的。搭同事、熟人、朋友的顺风车一般都会支付搭车费或汽油费。
2. “We are good”是拒绝他人的一种委婉说法，表示“不用了”。
3. “Ox tripe”是牛肚条，又称“牛百叶”，是中国人常吃的火锅配菜，美国有些超市也有卖，但是基本上只有华人买着吃。王丽的同事不吃虾、牛百叶等火锅配菜，这些东西在美国的超市里也不常出现。案例中Carol说的“peeled”一词说明美国人吃肉类食物时不吃外皮或外壳，他们一般吃去头、剥壳的虾仁，去头、去尾、去刺的鱼块，整鸡要吃去头、去颈、去内脏、去爪的，分开吃的只接受鸡胸肉、翅中、翅根和鸡腿。大龙虾和螃蟹是不多见的美国人可以接受的带头带壳的肉食。他们除了不吃**内脏**、**动物血**、**大骨**、**蹄**、**爪**、**角**、**尾巴**以外，也不吃动物的**头**、**脖子**等，类似**海带**、**紫菜**等中国人常吃的海藻类植物美国人也很少尝试。另外，在美国很难看到现场屠宰活鱼和活鸡进行售卖。

4. 美国没有带薪产假给许多工薪阶层的育龄妇女带来了很多不便，由于美国的人工费非常昂贵，美国人也没有老人帮忙带孩子的传统，许多年轻母亲在生完孩子以后不得不支付费用将孩子放在托儿所，以迅速返回职场；在有两个或更多孩子的家庭里，大部分工薪阶层的母亲只能辞掉工作在家专职照顾孩子。

美国医保制度与中国不太一样。通常是雇主（中、大型公司，学校等）负担全部或部分医疗保险的费用，公立学校一般会负担医疗费用总额的一半。

• 友情提示

1. 建议中文教师无论是搭陌生人、同事还是熟人的车，都要主动表示愿意分担油费和过路费（尤其是去出差），这样做既表现了对司机的感谢，也体现出自己有礼貌。大部分美国人其实很热情，若搭车的人不主动提出分担费用，开车的人一般也不会向对方收取，但是一定要记得表达谢意，可以请对方吃饭，或是送适当的礼物给对方。如果对方表示可以收钱，要提前跟他协商好价格。这也是中美文化的差异，遇到这类问题中文教师要从美国人的角度来理解并处理。
2. 美国人一般只在夫妻、兄弟、好友之间轮流请客，有些美国人甚至家人之间都会各自付账（pay separately）。所以请他人吃饭时，可以提前说明自己会买单；赴宴时，可以提前问清楚需不需要自己买单。如果是同事为某人举办生日派对，一般是由“寿星”之外的参与者平摊所有费用（包括小费）。在与朋友或同事聚餐时，应主动表示愿意付自己的餐费。另外，被邀请聚餐时，要注意对方的表述：“I'd like to take you out to eat.”意思是邀请的人会买单；“Would you like to go out to lunch/dinner together?”意思有可能是要自付。
3. 建议中文教师多去教师休息室吃午餐，这是与美国本土教师联络感情、促进日常沟通和交流的重要途径。除了平时的教学和文化推广等单向的传播活动以外，中文教师还要跟身边的同事融洽相处，表现出尊重并愿意了解对方文化的态度，形成双向交流和互动的良好氛围，促进民间交流，真正发挥中文教师文化交流的桥梁作用。此外，也可以适时与同事分享餐点，但要注意饮食文化的不同，还要考虑到美国人的接受程度、宗教禁忌甚至是否过敏等。此外，也应避免将有味道的食物，如韭菜、榴莲、有腥味的海鲜等带到学校吃。
4. 在与同事交流时，如果谈到学生的表现，可以谈论自己处理的方法或者请教同事应该如何处理，注意只谈客观事实和问题，千万不要在同事面前带情绪地表达对学生的不满、抱怨或说一些负面的言论。

拓展练习

1. **谢师周**[①]到了，mentor告诉王丽，周一下午放学后有家委会提供的谢师宴。由于自己不能吃冷食和生食，王丽决定带着晚饭过去，以免食物不合胃口饿肚子。当她提着餐盒一起跟教师们去排队时，mentor看到了她的餐盒，问她："You think you will not like the food we are going to have?"王丽告诉她，自己肠胃不好，也不知道一会儿是什么餐，怕自己吃不了。Mentor又说："You are so picky about food. You are just so fussy!"王丽听了不太高兴，但也没有再继续反驳。如果你是王丽，遇到这样的情况，你会怎么处理？
2. 李婷每天中午都和隔壁教室的三位教师一起吃午饭。她们经常一起聊天，有一次聊到了中美两国的休假制度，有同事惊叹："I wish I could work in China!"一位同事并就此聊起了她暑假旅游时要去北京转机，询问李婷是否需要换一些人民币以便在机场消费。这时候另外一位同事从她们旁边经过，说："I don't want my money to become Chinese RMB!"如果你是李婷，你会怎么跟这位同事交流？

【编者　骆美婵】

① 谢师周：teacher appreciation week。中国有法定的教师节，美国不少学校有自己办的谢师周，时间不统一，也不一定每个学校都有。顾名思义，谢师周一般持续一周，在这周内，PTSO（家长教师学生委员会）会出资为教师们准备一系列的答谢活动。常见的是自助餐会，会场布置和餐饮均由PTSO提供，有时还会有某个PTSO成员单独提供的礼物或甜品。学生在此期间也会给老师送上自制或购买的礼物、贺卡甚至购物卡。此外，谢师周期间学校照常运行。

英语小智囊

语言误区

✕避免使用的词语：no，I disagree

✓可以使用的词语：更委婉、礼貌的表达方式，

如：I'm afraid... My concern...

实境范例

1. 表达不同意见。

例句：

（1） I have a slightly different take on that.

（2） My thoughts on that might differ from yours.

（3） I can see your perspective. It sounds like you think... (mirroring). From my perspective, I think...

（4） I feel pretty strongly about that. As I see it/In my view...

2. 表达不悦的情绪。

例句：

（1） Do you mind...? Next time, since...

（2） It made me very uncomfortable because...

（3） I have a concern about...

情景范例：邮件提醒同事给予配合

Dear colleagues,

I hope you had a great weekend!

This is just a reminder that... is scheduled for Tuesday, April 23 (called out of 1st Bell - Back in class at the start of 4th Bell). I'm attaching the list of juniors and seniors who will not be attending.

Thank you for arranging your schedule around this!

Regards,

Ting Li

Chinese Teacher

Apple Middle School

Room 403

Land Line: (555) 555-5555

第二节 与学校管理层沟通

01 与纪律校长沟通

背景

Eagle Middle School新来的张老师的中文课堂上总是有学生捣乱：对教师无理、交头接耳、频繁打闹、上课时间随意在教室走动等。每次遇到学生捣乱，张老师总会直接去向纪律校长反映。最开始的时候，校长会耐心地帮助张老师处理，站在张老师的角度找学生面谈，但是张老师的课堂管理仍未得到改善。随着张老师找校长的次数越来越多，学生的纪律问题却没得到改善，校长对张老师越来越失望，多次告诉张老师自行处理。

情景再现

- **情景一：沟通失败的例子**

张老师来到校长办公室门口，发现纪律校长James Hawk一个人坐在里面。她敲门得到应答后，走了进去。

张蕊

Good morning, Mr. Hawk. Could I talk with you for a moment?

James Hawk

Sure, come on in, what's going on?

张蕊

Mr. Hawk, my student David always talks in class without permission. I have tried to stop him many times, but he just doesn't listen. During our last class, he stood up and said some very rude things to me. I don't know what I should do.

James Hawk

Oh, I see. That sounds really difficult. Don't worry, I'll have a talk with him.

张蕊

Thank you very much, Mr. Hawk.

半个月后，张老师以同样的方式和原因找到纪律校长。

张蕊

Mr. Hawk, Amanda was so rude to me today. I asked her to stand up, but she asked me why and refused. I am so frustrated with her.

James Hawk

Well, how did you deal with the problem?

张蕊

I asked her to sit in the think chair at the back of the classroom. She refused, and I told her I was going to ask you to deal with this.

James Hawk

Well, I am sorry I can't deal with this right now. I am heading off to a meeting. I think you'll have to solve this one by yourself. By the way, if it is not an emergency situation, please make an appointment at the office or e-mail me before you drop in.

张老师失落地回教室了。

接下来当张老师再去寻找校长的时候，校长多次以忙为理由委婉拒绝了张老师，学生表现也越来越糟糕，张老师觉得很无助，她觉得学校对她不好。

问题诊断

首先，作为一名中文教师，需要有适合自己课堂的纪律规定，同时也要有自己根据规则处理学生违纪行为的一套可行的、有层级性约束力的方案。如果全校教师遇到的所有纪律问题都去找纪律校长解决，他是无论如何都分身乏术的。只有遇到严重违反校规，或者影响到学生或教师人身安全的事情，才可以去寻求纪律校长的帮助。

其次，纪律校长事务繁忙，并不是随时都能抽出时间立即解决教师遇到的问题。所以在找校长前，一定要先通过邮件进行预约，遇到紧急的情况，也应该先和办公室老师沟通，请办公室老师帮忙与校长确认合适面谈的时间，根据约定的时间去找校长面谈。

- **情景二：约纪律校长面谈**

▶方式一：给纪律校长发邮件预约

Dear Mr. Hawk,

Good morning, I am Lu Chen, the new Chinese teacher this year. I am so happy to have this opportunity to work at Eagle Middle School, and I am looking forward to learning new teaching methods and classroom management strategies from all of you.

I have read our **student handbook**[1], and I am confused about some sections. If possible, could I drop by your office at some point to talk to you about my questions? Also, I developed my Chinese classroom rules based on our student handbook, and I would really appreciate it if you could look them over.

I know you are very busy at the beginning of the semester, so I can work around your schedule. I am in the building getting ready for the school year every day from 9:00 a.m. to 3:00 p.m. Please just let me know when you are available, and I'll be there!

Thank you in advance for your time.

Sincerely,

Lu Chen

▶方式二：请办公室老师电话预约纪律校长

Amanda Fox（办公室老师）：Hey, our new Chinese teacher, what can I do for you today?

陈路：Good morning, Mrs. Fox! I have some questions about the student handbook and classroom rules. I am wondering if Mr. Hawk would be available anytime to discuss the things I am confused about.

I see, let me give him a call first.（拨通电话）James, our new Chinese teacher is here in the office, and she wants to talk with you about the student handbook. Are you available?

Amanda Fox

James Hawk

Sure. Send her in.

OK.

（把电话放在胸前微笑着对陈路说）

James is free now. You can go and see him in his office.

Amanda Fox

陈路

Thank you!

（拿起电话接着跟校长说）

She is on her way.

Amanda Fox

James是校长的名字。在美国的大部分学校，教师们跟校长和副校长交流时，全都直呼名字。开学时，应该用Mr./Mrs./Ms.，但如果注意到别的教师（包括新教师）都在直呼名字，中文教师也可以这样做。

• **情景三：与纪律校长面谈**

陈路

Mr. Hawk, good morning!

James Hawk

Good morning, Lu, come on in. I understand you have some questions about the student handbook?

陈路

Yes, I have read it, and I am not sure whether I understand all of it correctly. Could I go over my questions with you?

（拿出自己做好的笔记和学生手册）

James Hawk

Sure, go ahead.

陈路

My first question is about **aggressive behavior**[2]. According to the handbook, if a student is aggressive, I need to report the behavior to you. Should I report every time a student swears in class?

James Hawk

Hmm, it depends. If a student says something impolite, the first step is to stop the behavior right in the moment. Then, if possible, you need to find out what led to the student being rude. Sometimes the reasons are complicated. For example, the student may have had an argument at home that morning, or maybe he/she is having trouble with some classmates at school. These kinds of things happen all the time. You can talk to the student directly, and you can ask the **student's guidance counselor**[3] for any additional information. After you have a better understanding of the reasons behind the behavior, you need to ask the student to commit to not repeating it.

So now let me give you another situation. If a big student comes up to you, pushes you, and says something offensive, or if he pushes or punches another student, you need to call me right away.

陈路

OK, so I need to handle milder aggressive behavior on my own, and come ask you for help when it's more severe.

James Hawk

Yes. And one of the best ways to avoid these types of behaviors is to spell out your rules at the very beginning of the school year and stick to them.

陈路

How long does it typically take for students to consistently follow the rules?

James Hawk

It depends, for some teachers it may only take a few weeks, while others may need a semester. Let me see your rules.

陈路

OK, here you are.

Chinese Classroom Rules

1. Don't talk during the class.
2. Don't stand up or interrupt the teaching process.
3. Don't sleep.
4. No cell phones.
5. Don't leave the classroom.
6. Don't bother other students.
7. Don't litter and keep classroom clean.

James Hawk

Hmm... pretty good, but I think we should change the wording from negative to positive. We want our students to approach school with a positive attitude. So instead of telling students what we *don't* want them to do, we can tell them what we *do* want them to do. For example, you can change *don't talk* to *I will raise my hand before talking*. The third rule *Don't sleep* is also problematic. It's not that common for students to actually fall asleep during class. You might instead say *I will be focused in class* to cover all situations in which a student looks like he/she is not paying attention. However, if a student does feel uncomfortable, you need to send him/her to the nurse if necessary. And trust me, students don't just have cell phones. They have all kinds of electronic devices.

陈路

OK, let me make some changes.（和校长一起逐条修改）

Chinese Classroom Rules

1. I will raise my hand before talking.
2. I will be cooperative in the classroom.
3. I will not put my head on the desk.
4. I will only use electronic devices with permission.
5. I can use the hall pass three times each quarter. I will let the teacher know if I have an emergency.
6. I will do my best to follow directions.
7. I will be kind, tolerant and respectful toward the teacher, my classmates and myself.
8. I will keep the classroom neat and clean. (I will not draw on the desks or walls, and I will clean up the area around my desk at the end of each class period.)

James Hawk

That sounds much better. But I think 5 to 6 rules are plenty. You can explain specific procedures and details in class.

陈路

OK, I think I can combine No. 2 and No. 6 together and simplify the wording. I will explain the details of each rule in class. For example, for the first rule, I will tell them to raise their hands before talking and stay focused on learning. For rule No. 2, I will tell them that they need to respect not only me, but also other students and themselves. And for rule No. 4, I will mention that if they have an emergency, they need to let me know immediately.

Chinese Classroom Rules

1. I will be focused and cooperative, and I will follow directions.
2. I will be kind, tolerant and respectful.
3. I will use electronic devices only with permission.
4. I can use hall pass three times each quarter.
5. I will keep the classroom neat and clean.

James Hawk

Very nice! After students break rules, we need to give them opportunities to correct their mistakes. We do this by using a tiered system of discipline. At the lowest level, we talk to a student and give warnings. Just make sure that when you have a discussion with a student about his/her behavior, you do it privately and do not shame the student in front of others. If the behavior continues, we contact the student's parents. After e-mailing or calling parents, if things stay the same, we typically hold a parent conference. And if the behavior is very serious, you can write a **referral**[4] and I will deal with the problem directly. Referrals are recorded in the student's permanent file. When you take disciplinary steps with a student, make sure that you keep a written record of everything you do.

陈路

OK, thank you so much for all of your help.

You are welcome. Be confident; you are a good teacher! Let me know if you have any further questions.

James Hawk

OK. Thanks. Good bye.

陈路

Goodbye, and good luck!

James Hawk

• 情景四：向纪律校长汇报

▶方式一：邮件汇报

Dear Mr. Hawk,

Thank you for meeting with Tom last Tuesday to discuss his behavior. His behavior is getting much better. Since signing the contract he and I agreed to, he has been following my directions in class, and he has not used any offensive language. What's more, he is doing a much better job working with partners and in small groups. I will e-mail his parents to let them know about the improvement, and I will keep tracking his progress. Thank you so much for your support.

Sincerely,

Lu Chen

Chinese Teacher

World Language Department

Eagle Middle School

216-888-7777

▶方式二：当面汇报

Tom hasn't been causing you any more trouble, has he?

James Hawk

陈路

Mr. Hawk，I wanted to tell you how things have been going. Tom has changed a lot. He is following directions and has been very positive in class. I wrote an e-mail to his parents to share the good news. They are really happy too.

James Hawk

Great! Let me know if anything changes.

陈路

Sure!

关键词

1. **Student handbook**[①]**：学生手册。**里面详细介绍了学校的规章制度，行为准则以及执行建议。教师可以在学校网站上下载学生手册、教师手册以及家庭手册，有不懂的地方应及时寻求学校的帮助。

2. **Aggressive behavior：有侵犯性的举动。**指学生对其他学生或者教职工有侵犯性的语言或行为，如恐吓、威胁、侮辱、对被害人造成身体或心理的长期阴影和伤害，严重影响受害人的正常学习、生活和情感，常见的有打架、竖中指或说带有种族歧视的言语。

3. **Student's guidance counselor：学生顾问。**美国的中学和部分小学设有该职位，主要职责是给学生提供学业、职业生涯、个人成长等方面的专业建议。高中学生顾问的一大工作职责是协助学生申请大学，包括大学的选择、专业的选择等。他们是最了解学生的人。学生顾问一般会在开学前和教师进行单独面谈，告知教师们在班里面需要多被关注的学生有哪些。如果学生遭遇家庭变故或特殊事件，学生顾问在晨会的时候会通知教师们，要求上课的时候尽量让孩子独处，如有需要可以送孩子去他们办公室。

4. **Referral：学生转介。**在美国，当教师遇到自己不能解决的棘手问题或认为某个学生需要额外的专业帮助时，学校有更专业的人士来处理相关的问题，教师们可以向相关的学生转介部门寻求帮助。学生转介一般分三种：

   （1） Referral for discipline purposes：适用于有严重纪律问题的学生，通常比较严重，会直接交给纪律校长，并且会记录到学生的学校档案之中；

   （2） Referral for counseling services：适用于一些因为家庭环境变化或者其他原因需要

① 附上Sample Kenston Local Schools Student Handbook目录，请登录http://kenstonlocal.org/kms/wp-content/uploads/2017/08/17-18-Handbook.pdf了解。

帮助的学生，如，人际交往上出现障碍、情绪上有一些变化等，通常学生顾问会找这类学生面谈，通过循循善诱的方法让学生认识到错误并且改正。

（3） Referral for a special education evaluation：适用于有特殊教育需求的学生，学校会先给他们提供一个评估，然后另做安排。

Referral（1）和（2）在美国学校中较为常见，中文教师可以把它当作违纪报告表对待。需要注意的是，由于学区、学校的政策不同，学生的历史referral记录情况也会有所区别，有的学区教师可以查询到学生上学以来的所有referral记录，有的学区却查不到。一般情况下，拿到几张referral的学生是需要教师特别关注的。中文教师到自己任教的学校后也请提前与纪律校长核实相关情况。Referral（3）涉及对特殊教育学生的评估问题，对于赴美中文教师来说比较少见。

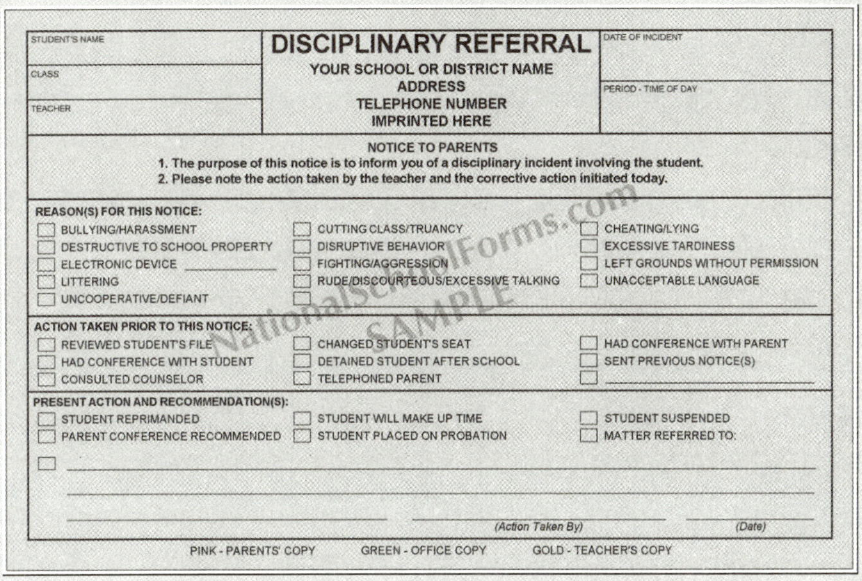

STUDENT'S NAME
CLASS
TEACHER

DISCIPLINARY REFERRAL
YOUR SCHOOL OR DISTRICT NAME
ADDRESS
TELEPHONE NUMBER
IMPRINTED HERE

DATE OF INCIDENT
PERIOD - TIME OF DAY

NOTICE TO PARENTS
1. The purpose of this notice is to inform you of a disciplinary incident involving the student.
2. Please note the action taken by the teacher and the corrective action initiated today.

REASON(S) FOR THIS NOTICE:
☐ BULLYING/HARASSMENT
☐ DESTRUCTIVE TO SCHOOL PROPERTY
☐ ELECTRONIC DEVICE ________
☐ LITTERING
☐ UNCOOPERATIVE/DEFIANT
☐ CUTTING CLASS/TRUANCY
☐ DISRUPTIVE BEHAVIOR
☐ FIGHTING/AGGRESSION
☐ RUDE/DISCOURTEOUS/EXCESSIVE TALKING
☐ ________
☐ CHEATING/LYING
☐ EXCESSIVE TARDINESS
☐ LEFT GROUNDS WITHOUT PERMISSION
☐ UNACCEPTABLE LANGUAGE

ACTION TAKEN PRIOR TO THIS NOTICE:
☐ REVIEWED STUDENT'S FILE
☐ HAD CONFERENCE WITH STUDENT
☐ CONSULTED COUNSELOR
☐ CHANGED STUDENT'S SEAT
☐ DETAINED STUDENT AFTER SCHOOL
☐ TELEPHONED PARENT
☐ HAD CONFERENCE WITH PARENT
☐ SENT PREVIOUS NOTICE(S)
☐ ________

PRESENT ACTION AND RECOMMENDATION(S):
☐ STUDENT REPRIMANDED
☐ PARENT CONFERENCE RECOMMENDED
☐ STUDENT WILL MAKE UP TIME
☐ STUDENT PLACED ON PROBATION
☐ STUDENT SUSPENDED
☐ MATTER REFERRED TO:
☐ ________

(Action Taken By) (Date)

PINK - PARENTS' COPY GREEN - OFFICE COPY GOLD - TEACHER'S COPY

referral for discipline purposes

分析

• 案例分析

1. 选择合适的时间和方式约见纪律校长非常重要。在约见纪律校长前，教师首先要发邮件和校长约好时间。然后准备好自己要问的问题和材料去和校长面谈。
2. 建议教师在开学前夕，和纪律校长约时间面谈一次，面谈前最好对学校的学生手册有一定的了解，并且制定初步的中文课堂规则。面谈目的一是了解学校校规以及遇到相应情况的处理方法；二是让纪律校长提前知晓中文教室的上课规则，在以后的课堂上如果有学生屡教不改，教师在采取相应措施的时候校长是知情的；三是询问清楚哪些措施可行，哪些需要根据学校情况调整，如，有的学校允许学生站在走廊冷静一会儿，而有的学校规定学生时刻不能离开教师的视线，所以绝对不可以让学生去走廊冷静，这都是要和学校纪律校长交流才能具体制定的。

3. 建议教师们在和学生家长联系的时候向纪律校长报备。与家长邮件沟通时建议往来的信件抄送给纪律校长。这样，当事情发生的时候，有第三方可以做证明。由于我们的母语不是英语，在很多用词用句方面会有不妥之处，为了避免不必要的麻烦和误会，发给家长的书面文件要提前请校长审核。在校长协助处理学生问题之后，中文教师应及时将学生的改进情况反馈给校长，形式可以是邮件，也可以是简短的口头汇报。

• 文化点

1. 美国学校一般至少有两位校长，一位校长和一位副校长。一般校长负责全面统筹管理学校工作，副校长侧重于处理学生和教师遇到的问题，也就是我们说到的纪律校长。
2. 教师和校长的关系较国内而言轻松许多。校长的亲和力也很强，经常可以看到校长主动和教师们打招呼、帮教师代课、处理学生问题。还能看到校长在学校跑东跑西处理各种杂事，如，帮助清洁员安装灯泡、送生病的学生去医院、送教师开会等。

• 友情提示

在美国如果想要和学校领导面谈，需要通过办公室、校长秘书或者邮件约定时间，并且在约定的时间面谈。美国人很注重时间观念和效率。新教师应尽快适应这种工作方式，使自己更加专业、高效。

拓展练习

1. 中文班的Kathy和Jack是一对学生情侣。有一天，有人告诉Kathy说看到同班同学Emily和Jack在一起。Kathy非常生气，在中文课开始前就到教室和Emily理论。上课铃响之后，两个人吵了起来，并且Kathy推搡了Emily，Emily倒在地上。请问，如果是你遇到这种情况，你会怎么处理？
2. Jack是个喜欢表现的孩子。每次上中文课他都举手，但是如果教师不叫他，他就会站起来引起教师的注意。如果教师还不理会，他会走到讲台前面。偶尔还要和前后桌攀谈几句，甚至大声叫嚷。针对此问题教师已经联系过家长了，可是感觉家长很庇护孩子。如果你是教师，你会怎么处理？

附录：课堂规则范例

Class Rules

1. We respect others and their properly. 

 2. We will raise our hand when we want to talk.

3. We will listen to the teacher and follow directions. 

 4. We will use inside voices.

5. We will not walk in the classroom. 

CLASS RULES

1. Listen when others are talking.
2. Follow directions.
3. Keep hands, feet, and objects to yourself.
4. Work quietly and do not disturb others.
5. Show respect for school and personal property.
6. Work and play in a safe manner.

【编者　蔡怡虹】

02 与学校领导沟通

背景一

周文老师所在的Apple School District已经开过三年的中文课了，反响很好。周老师是学区今年的新任中文老师。快到决定她是否留任时，中文项目的主管教师却发现她在与领导沟通方面出了很大问题，学校不希望她留任。

情景再现一

主管教师到该学区走访，就周老师的留任事宜与校长Ms. Brown和周老师进行沟通。校方向主管教师Helen反映情况：

Ms. Brown: At first, we were concerned that we may have been treating her unfairly, but she is really letting us down.

Helen: I am sorry to hear that. Can you tell me what the problems are?

Ms. Brown: There are several. First, she has never shown me any lesson plans. All of the teachers are required to hand in their lesson plans once a week, but we are already into the second semester and I have yet to see any of hers.

Helen: Has she given you any reason for not submitting her plans?

Ms. Brown: No, she hasn't. Another issue is that she always leaves before the end of the school day.

Helen: Always? And she gives no reason for this either?

Ms. Brown: No. She has never talked to anyone about it. She only comes to me when she needs to request time off, and she has already done so four or five times, either because she is sick or for some other reason.

Helen

Really?

Ms. Brown

Yes. Adding to these problems, she didn't attend our annual **International Night**[1], she doesn't always come to **staff meetings**[2], and she doesn't respond to e-mail.

分析一

周老师所有的“不称职”其实都可以通过沟通化解：

1. 教案：周老师应该给校长一个解释，告诉她自己用英文写教案的水平没有用中文写得好，需要一点时间学习，而非一直拖着不交。
2. 早退：在美国的一些学校，老师和学生的作息时间往往是不同的。早上学生8点半上课，老师可能8点甚至7点半就需要到校来做一些准备工作或者morning duty；下午学生3点半放学，并不代表老师3点半就可以离开。周老师在到任后应该弄清楚老师的作息时间，根据学校的作息时间表来上下班。作息时间表一般都可以在学校校办领到，或者可以找mentor要。
3. 请假：刚开学不久，周老师遭遇了买车风波，又因为把汉办发放的生活津贴全部留在了国内，所以经济拮据，有时连吃饭都成问题。此时周老师应该向校长说明原因，寻求理解和帮助，而不应该无故请假。
4. 缺席例会：学校校历上通常标明了例会的日期，全体教师会议从两月一次到一月一次甚至每周一次都有可能。如果不确定，务必向同事或领导询问清楚，如果担心自己英文不好交流不畅，可以先向其他志愿者学习怎么询问。
5. 不回复邮件：邮件是学校布置工作、发布通知的重要渠道，老师们一定要及时查看和回复。周老师以太忙为由不看、不回，其实是很不负责任的表现。

周老师不愿意与校长沟通可能是因为对自己的英语不自信。其实相比国际教师的英语水平来说，校方更看重教师的沟通态度。主动沟通很重要，所有问题都可以通过沟通解决，即使英语不太好，也要表现出自己乐于沟通的意愿，以免给校方留下负面印象。

背景二

王丽老师是Apple School District今年新入职的中文教师，她所在的Apple Middle School校长也很认同中国文化，所以学校续签了三年中文项目。王丽在校的这一年，充分听取了两位前任志愿者的建议，在教学和文化推广工作上做出了新的突破。学生、家长、学校领导、学区负责人、大理会项目负责人都对她认真的工作态度和敬业精神赞不绝口。王丽获得这么好成绩的秘诀之一就在于她具备良好的沟通技能。下面我们通过一天的工作，看看王丽是如何与领导沟通的。

情景再现二

星期一早上，像往常一样，王丽骑着自行车提前到了学校门口，她发现副校长Mark已经站在校门口迎接部分先于校车到校的学生了。于是王丽很欢快地跟Mark打了声招呼。

Good morning, Mark! You are always so early!

王丽

Mark

Ni hao, Lily! Nice to see you here bright and early too!

王丽跟副校长挥了挥手，走到学校办公室，她跟前台的同事们打过招呼之后查看了一下自己的信箱，走到教室放好自行车、书包和午餐盒，就出门去跟其他同事一起执行morning duty了。不久，校车把学生们送进了校园，校长们的morning duty也转移到了食堂和其他地方，王丽一边观察学生的衣着和行为举止，一边友好地跟路过的Mark再次点了点头。校长Ms. Brown从另外一个角落走了过来，王丽礼貌地跟她打了个招呼。

Morning, Ms. Brown!

王丽

Ms. Brown

Morning, Ms. Wang! I have heard great things about Chinese class from the students.

Thank you, Ms. Brown. I am glad to hear that! I am so happy that the students are enjoying my class.

王丽

Ms. Brown: Indeed they are! Have a good day, Lily.

王丽: Have a good day, Ms. Brown.

15分钟的morning duty结束后，学生都已经去到各自上课的教室。第一节课是王丽的备课时间，她一般用来处理一些事务性的工作。查看邮件时，她发现有个关于学校近期的考试安排的文件，自己不太确定，于是拿起电话打给了学校的教务主任Margi。

王丽: Good morning, Margi. This is Lily. I am wondering if you have a minute?

Margi: Hi, Lily. Yes, of course, how can I help you?

王丽: I just checked my box and found the information on the upcoming tests, but I am not sure whether I need to be one of the proctors?

Margi: Yes, you do. If you have time now, I can come down to your classroom to explain the proctoring to you.

王丽: I can come to you, Margi.

Margi: That's OK. I also need to show you the classrooms where you will be supervising the exams.

接下来，王丽做了以下几件事情：

1. 在等待Margi的几分钟里，打开电脑，把上课用的课件和教具准备好。
2. 听Margi解释考试安排，并跟Margi去熟悉考场和其他监考教师。
3. 去图书馆把上周五做好、已经给mentor看过的文化活动newsletter复印好，以便上课时给学生发下去带给家长看。
4. 查看邮箱，回复了两位家长的邮件，并抄送给副校长Mark。
5. 写完今天要发的每周之星奖状，并发邮件请Mark帮忙打印20份（全校只有两台彩色打印机，其中一台在Mark那儿，而王丽早在开学前一周用中国旅游和美食图片布置食堂时就已经得到了Mark的许可：以后要彩打，直接发给他，他打出来放到王丽信箱里。）。

备课时间结束，学生走进教室，王丽开始了上午的教学。

中午吃饭的时候，王丽照常到校长办公室旁边的教师休息厅去热饭，并与Mark沟通了近期工作。

30分钟的午餐时间结束后，王丽开始了下午的教学，她给6年级的学生练习颜色词时，校长走进来检查教学。下课后，王丽主动把教案拿给校长看，校长夸赞说："Students have already told me that they are having fun and learning a lot in your class. And today after dropping by your class I see why! I have never seen a teacher as creative and dedicated to teaching as you."

放学后，王丽先是在电脑上总结了今天的工作，然后查看邮箱并回复了几位家长，又把最近在跟进的学生今天的情况反馈给了家长才回家。

分析二

在本情景中，王丽在不同时间段用书面和口头的方式与同事、领导进行了有效的沟通。从早上到校开始，王丽就在恰当的时间与副校长Mark进行了第一次友好的当面沟通；在morning duty时，校长从学生那里听到的良好反馈和王丽本人礼貌得体的态度又给校长留下了良好的印象；在遇到疑问和需要帮助时，她及时主动地寻求教务主任和副校长的帮助；在给学生家长回信时也不忘抄送给副校长，使副校长能够知悉她的工作进展；吃饭时在合适的时机积极主动地找副校长当面汇报工作，使领导能够及时了解情况并给予指导；放学以后，王丽又查漏补缺，回复并跟进沟通了白天上课期间没来得及看的邮件。

在沟通方式上，王丽尊重校长，根据校长的时间提前预约，即使是口头的沟通也会提前准备好交流的内容；书面沟通提前准备好内容，修改后再发给校长，以免因为疏漏给人留下办事不严谨的印象。同时她也很注意认真做好本职工作，尊重同事和学生，积极地参加学校的各种会议和活动，如学校的例会、学习小组和各种年级性、全校性的学生活动等。这些活动能够帮助她深入了解美国校园文化，同时提高她的沟通能力。

关键词

1. **International Night：世界语言文化活动夜。**在外语项目比较多的学区，会定期开展世界语言文化活动夜。以一位中文教师做过的活动为例，活动前她有详细的计划，列出了一些要展示的中国元素，如古代名人的介绍、书法、对联、民族服装、地域风情等。
2. **Staff meetings：全体教师大会。**类似于国内学校的例会，一般会有固定的时间或提前通知。如果是广播通知的，没有听懂或听清楚，一定要找附近教室的老师问清楚；如果是邮件或书面通知的，看不懂，一定要及时查资料弄明白，以免错过重要事项，甚至造成教学事故。

- **友情提示**

1. **在美国工作，务必养成及时查看邮件和回复邮件的习惯**。美国学校事项的通知一般都是通过电子邮件进行的。由于美国的课间时间只有3—5分钟，中文教师可以在午餐前或放学后查看邮件。如果以太忙为借口不看邮件或不回邮件，会给人留下很不专业的印象。如果有多个邮箱而无暇顾及，可以把邮件自动转到主要邮箱里。
2. 很多中文教师来美国之前在国内都考过英语四、六级，甚至还有很多在国内本身就是英语教师，然而到了美国之后发现很多书本上学的英语用不上，或者生活中的很多英语看不懂、听不懂，因而产生了自卑心理，不敢开口说。其实美国是个包容的国家，有很多操着不同口音的人在美国生活、工作，因此**美国人对于语言错误的容忍度很高。只要能够说出关键信息，美国人能听懂你的意思，就会愿意与你沟通**。工作之余，建议新手教师多参加一些社区活动，多开口说英语，慢慢地，自信心就会树立起来，沟通能力也会越来越强。
3. 遇到校长下达通知或当面谈话时，中文教师一定要明确校长的意图，做好沟通工作。有些活动，如International Night，不在学校规定工作时间内举办，也没有额外报酬，所以校长不能要求教师去，但是如果你是学校唯一的中文教师，校长就这个问题单独找你说了，那么中文教师最好参加。在美国的中文教师应争取更多的机会传播中国文化。建议中文教师多参与类似International Night这样的文化活动。International Night有很多互动的环节，很容易调动人们的兴趣，是一个很好的让当地人主动了解中国及中国文化的平台。另外，活动本身就是一个学习的过程，通过这些活动，中文教师可以走出学校的交友圈子，接触到更多当地人，相互交流、学习，甚至结成终身的友谊。

拓展练习

1. BP学校的罗老师遇到了一个问题学生，他已经按照程序对该生进行了教导、警告、处罚，但是该生仍然过两天又犯同样的错误。他决定将该生提交给校领导进行处理，请帮罗老师写一封信给他的主管校长。
2. BP学校的罗老师想要组织学生去附近的孔子学院参加元宵节活动，请你帮他写一封邮件征求领导同意。

【编者　骆美婵】

英语小智囊

语言误区

✕避免使用的词语：problem

✓可以使用的词语：concerns

小提示：

- “problem”指“难题、麻烦”，往往隐含着冲突与无助之意；
- “concern”指“关注、顾虑”，是事情发生前的“防患于未然”；
- 美国学校很欣赏有前瞻性的（proactive）教师。

实境范例

1. 向领导汇报课堂教学情况时可以怎么说？

例句：

（1） Classroom management is a challenge, but I've kept the class under my control.

（2） Tom's behavior has been inconsistent recently...

（3） I've been communicating with parents about a few behavioral issues.

小提示：汇报时候应当怎么做？

- Be concrete and detailed.
- Be neutral in your language. Just say what happened, not your feelings about it.
- Don't make guesses about the student's motivation, just explain what you saw or heard.
- If you received some of the information from someone else, make sure that you report it as such:

  Another student reported that he/she saw...

2. 如何表达自己的担心？

例句：

（1） I have been noticing that...

（2） I am a little concerned that...

（3） If you can share some input about... that would be great.

（4） I would love some help understanding how to...

情景范例：通过邮件对校长的支持表达感谢

Dear Ms./Mr. ×××,

I so much appreciate your support... It was extremely valuable/very helpful for me. I benefited a lot from... Thanks again for your time.

Regards,

Ting Li

Chinese Teacher

Apple Middle School

Room 403

Land Line: (555) 555-5555

第三节 与学生家长沟通

01 校园开放日

背景

在美国中小学，家长和学校的关系非常紧密，公立学校更是如此，公立学校的经费很大一部分来自于税收，作为纳税人的家长就有很大的话语权，因此家长是学校系统的组成部分，与家长沟通至关重要。每个学校都有**家长教师联谊会**[1]（PTA）或**家长理事会**[2]（PTO），如果需要，家长会参与学校教学和各种活动。学校非常重视家长的意见，也非常欢迎家长参与学校的各种活动。

欧美学校通常面向在校学生的**家长或监护人**[3]（parents and guardians）设有校园开放日（open house）。参加校园开放日的家长都想通过在学校体验“浓缩”为一天的学生生活了解孩子的校园生活，了解这一门课的教学特色、教学成果以及教师的可信赖程度，很多家长都非常期待与教师交流、互动，并了解自己的孩子在这门课上的表现。

校园开放日一般会在学期刚开始的一个月内举行，可以安排在一个上午、下午或者晚上完成。学生一般不参与，但是也有学区每年安排几位学生跟着家长一起参与。每个学校体验时间和形式不同。

一般来说，学生家长按照学校开放时间到校后，会先领取**课表**[4]、学校地图、体验行程等材料。了解校园开放日的详细流程之后，家长可以从第一节课开始，根据课表到每个班级去体验、与教师见面、参观教室并了解教学安排。教师会像平时上课一样，在门口迎接家长，组织家长在教室体验。每节课的体验时间为8—15分钟，课间有5分钟时间用于寻找下一间教室。

每位教师风格不同，家长的体验也会有所不同：有些教师的校园开放日是通过展示作品来让家长了解自己的课堂；有的教师喜欢让家长坐在一起阅读准备好的材料，并进行集体宣讲；有的老师会综合各种模式，既有集体介绍，又有展示和互动环节。

林锋任教于美国一所公立初中，先后经历了两次校园开放日。

情景再现

- **情景一：第一次校园开放日**

时间：星期一下午

体验时间：8分钟

课间时间：5分钟

对象：7年级学生家长

当天，林老师提前在白板的醒目位置写上了自己的联系方式，以及每周开放给家长、学生咨询或补考的office hour时间。

课前，林老师提前在教室门口迎接家长，并向到来的家长问好：“Good afternoon, 你好！Welcome to our Chinese class.”

家长就座后，林老师开始向家长们介绍自己。

林锋

Good afternoon and welcome to our Chinese classroom. I'm glad to see you all here. I have information to share about our G7 Chinese class. But before that, I would like to introduce myself.

My name is Andy Lin. Here is how I write my Chinese name.（林老师在黑板上写下自己的汉语名字）It is pronounced Lin Feng. Notice that in Chinese, the last name comes first, so the *Lin* character comes before the *Feng* character, which is my Chinese first name.

家长

What does your Chinese name mean?

林锋

Well, Chinese people usually convey their hopes for their kids by choosing specific characters for their given names. My parents hoped that I would become an outstanding person, so they named me *Feng* (锋), which means “sharp” or “leader” in Chinese.

Here is a picture of my parents and me. My dad is a retired engineer, and my mom is a retired middle school teacher. I am the only child in my family, so it was hard for my parents to see me travel to the other side of the earth.

家长

Yes, it must have been. Do you communicate with them often?

林锋

Yes, we Skype every week. About my educational background, I graduated from Yangzhou University with a major in Teaching Chinese as a Second Language. I also grew up in Yangzhou.

After graduating, I taught Chinese in Thailand for three years. I loved my students there, and I am looking forward to getting to know your children better. I have already discovered that they are active, creative and full of energy.

家长

I hope you'll be able to handle them!

林锋

Things are going great so far, but I thank you in advance for your help!（双手作揖）

家长

Haha! We will try! What does that gesture stand for?（家长也做出作揖的动作）

林锋

It means thank you.

OK, here is our syllabus for this semester. You have a copy on your desk too. We will study ten topics, ... and we are also going to do a number of hands-on cultural activities, including... This is the system I use for homework and tests...（介绍学期安排、作业、考试及相关制度）

With regard to classroom expectations, here are the rules for my classroom.（阐述课堂规则）If you have any questions, concerns or suggestions, please let me know. You can contact me via e-mail or phone, or you can drop by my class during my office hour.（林老师指着白板上写的联系方式）

I am looking forward to a great year with your children. It looks like we still have few minutes left, do you have any questions?

家长

How do you like your life here in the US so far?

林锋

I just arrived here about a month ago. People are really friendly. I have received a lot of help from teachers, colleagues, neighbors, and even strangers. You Americans are really kind and thoughtful! I've enjoyed my life here so far, but I am still adjusting to the cultural differences and know I'll face some challenges this year. Thanks for your understanding as I learn about life in the US.

家长

Don't worry. We got your back.

林锋

Many thanks! If you need to contact me, you can find my contact information on the handouts you received today and on my website. Please also fill in this form for me and leave it on the desk before you leave. Thank you for coming! Goodbye! 谢谢！再见！

Student name ______________

How can we make our Chinese class better?

____

My unique child:

____

Concerns or suggestions:

____

Anything else you want to say to me?

What kind of things is your child is most interested in?

Anything special you would like me to know about your child?

You can also e-mail me: FengLin@gmail.com

____

Parent signature: ______________

林老师送家长出教室，很多家长主动和他握手、鼓励他，并表示会支持中文课。

- **情景二：第二次校园开放日**

与第一次校园开放日一样，林老师提前在白板的醒目位置写上了自己的联系方式及每周的open hour时间。

Welcome to our Chinese class! I am so glad to see you all again.

林锋

How did your first year go?

家长

Well, I made it! I encountered a lot of new things, overcame some challenges, and tasted a lot of great food!

林锋

Sounds great!

家长

Yes it was. Let's take a look at what our students did last year.（林老师打开提前制作好的PPT，以视频、图片方式向家长展示了学生的作品，并介绍了中文课的特色项目）

林锋

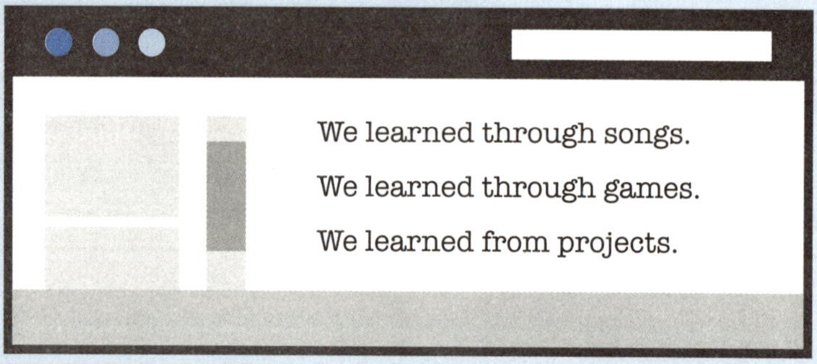

Each student was matched with a Chinese pen-pal. We just received their third reply.（林老师详细介绍并展示了曾经做过的活动以及遮住名字的学生作品）Last year, we produced a magazine every quarter called *Chinese Quarter*. In each issue, the students shared what they had been learning in class. Putting the magazine together was also a great way to review at the end of each quarter. You all received the magazines via e-mail, right? We are going to keep on producing them this year.

林锋

This year, we have started learning basic Chinese characters. Actually, characters are not as hard to learn as you might think. （每位家长桌上都放着陈老师提前准备好的材料）Take a look at these characters and try to guess what they mean.

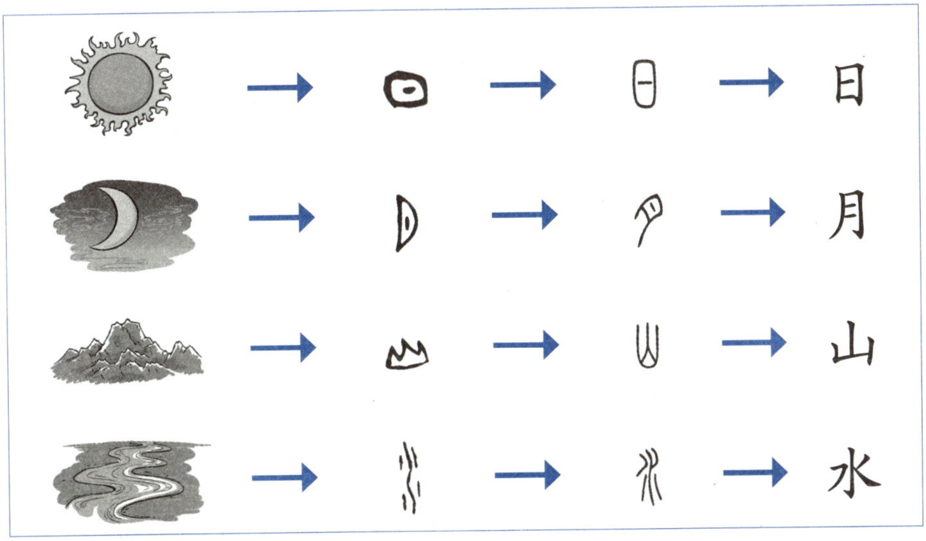

选自《新体验汉语·高中·学生用书1》

林锋

Most of the basic Chinese characters originate from pictures, and they are pretty easy to write and understand. At the end of last year, most of the students could write at least 50—80 basic Chinese characters. I plan to teach more characters this year. Here is our syllabus.

（和家长一起看学年安排，解释并回答家长的提问）

Before you leave, could you please fill in this form for me?

I want to know your thoughts on how I can improve Chinese class. Also, I want to know more about your child. Your child might have some strengths that I don't yet know about. Also, please feel free to share any concerns or suggestions.

（请家长填写意见表）

Thank you very much.

Many thanks for your feedback! If you need to contact me in the future, you can find my contact information on the handouts you received tonight and on my website. Thank you for coming! Goodbye! 谢谢！再见！

关键词

1. **家长教师联谊会：Parent-Teacher Association，简称“PTA”，又称“家长教师联合会”“家长教师协会”“家长教师会”，有时也名为“家长教师学生联谊会（Parent-Teacher-Student Association）”**。它是由家长、教师和其他的学校工作人员组成的正式组织，旨在促进家长参与学校的教育工作，常见于美国、英国及日本等国家。
2. **家长理事会：Parent-Teacher Organization，简称“PTO”**。家长理事会在学校政策、活动安排和执行等方面有建议、投票甚至决策等权利。
3. **家长或监护人：parents and guardians**。在美国，学生家庭成分比较复杂，不一定都是自己的父母做监护人，所以教师在书面和口头表达上一定要注意，除了表示父母（parents）外，还要加上监护人（guardians）。建议无论是开家长会还是给家长打电话之前，都做好准备工作。学校系统里一般都有学生监护人的信息，可以在查看后，确定学生和监护人之间的关系。学生成绩只能让监护人知情，小学教师应确保去学校接学生的是监护人，否则会引起麻烦。
4. **课表：教师教学除了上课以外还有教学duty、休息和备课时间**。美国学校一般要求教师提前至少半小时到学校，到校后的晨会一般分为年级会议、科目会议和兴趣组会议，教师需要根据不同的时间安排参加不同的会议。

下表是某初中教师的课表[①]：

	7:00	到校
	7:10 – 7:30	晨会
Period 1	7:45 – 8:28	G6-1
Period 2	8:31 – 9:14	G7-1
Period 3	9:17 – 10:00	G8-1
Period 4	10:03 – 10:46	Lunch duty/Prep
Period 5	10:49 – 11:32	Lunch
Period 6	11:35 – 12:18	G8-2
Period 7	12:21 – 1:04	G7-2
Period 8	1:30 – 2:13	G6-2

分析

• 案例分析

1. 在校园开放日之前，教师需要提前准备好每个年级的课程安排、介绍以及要发放给家长的材料。同时还需要在墙上贴出学生的优秀作品，或者在桌子上准备好学生的作品展示。和平时上课一样，教师在完成8—15分钟的介绍后，送家长们出教室，同时在门口等待新一批家长来教室体验。如果年级不同，教师也需要在5分钟的休息时间里把相应年级的展示材料准备好。
2. 教师在校园开放日期间主要展示自己的教学风格，并告知家长本学期的教学计划，如果已经进行了一部分教学，或者是第二年进行校园开放日，应注意及时展示教学成果、学生的作品以及优秀作业等，同时向家长说明新学年的安排和调整变化。校园开放日时间短，第一印象非常重要，介绍时应注意内容简短明了，表达生动幽默，体现教师的教学风格，并与家长建立信任。
3. 情景一中，林老师的第一次校园开放日内容丰富、完整，对每个部分都做了合理的安排。他用幽默的方式和家长进行了良好的互动；他在介绍中适当融入了中美文化的对比和差异；并通过合理示弱，让家长感受到志愿者教师的不易，激发家长的同理心和助人心理。他把课程安排、考核制度、作业制度都以讲解和纸质形式展示给家长，还留下了多种联系方式，方便家长联系自己，值得所有中文教师学习。
4. 在情景二的第二次校园开放日中，林老师通过图片、视频、实物等直观的方式向家

① 课表中标有“G6”“G7”“G8”的时间段是教师上课的班级和对应时间；“Period 4”是给教师的非教学任务时间和备课休息时间；“Period 5”是教师的午饭时间（一般20分钟吃午饭，剩下20分钟可以备课也可能安排到duty）。

长展示了过去一年学生们的学习成果；向家长展示出中文课的教学风格；在展示时注意保护学生隐私；就家长热议的问题（汉字学习）进行了详细的解释，并通过让家长亲身体验学习过程的方式，打消了家长的顾虑，是中文教师在准备校园开放日中可以借鉴的。

- **友情提示**

1. 教师在校园开放日可能遇到以下问题：因缺乏经验而紧张，介绍枯燥冗长，和家长缺少互动，科目特色或教室装扮、作品展示等不突出，提问时间过长、冷场，没有注意学生的隐私问题，遇到很难缠的家长无法及时下课等，教师应提前做好充分准备，可以参考案例中林老师的处理方式。如果教师因为紧张而提早讲完，可以提前准备几个备选的讲解内容或自问自答的问题作为提问环节。
2. 校园开放日时教师一定要注意把控时间。应适当留出提问时间，不必过长，1—2分钟即可。如果有家长有很多问题要问，可以建议家长在校园开放日体验结束后来中文教室提问，也可以单独约其他时间面谈，或通过邮件向教师询问。
3. 中文教师应该在校园开放日开始前在白板的醒目位置写上自己的联系方式，方便家长与教师沟通。
4. 如果家长前来询问孩子的情况，教师可以简单介绍学生的课堂表现，或者自己对该生的期待。建议教师在平时为学生准备资料夹，做好每位学生的上课表现记录、作业情况笔记等，把学生学习材料存档，既可以在校园开放日展示给家长看，又可以在学生来询问成绩问题时提供依据。
5. 美国家长非常注重保护学生隐私，在展示学生书面作品和作业，尤其是带有成绩或者评分标准的作品和作业时，教师一定要注意保护学生的隐私，建议用便利贴遮挡住名字和分数。

拓展练习

1. 如果你是第一年在美国高中任教的中文教师，怎么准备校园开放日中自我介绍的环节？
2. 如果你是第三年在美国初中任教的中文教师，怎么准备校园开放日？

【编者 蔡怡虹】

02 家长会

背景

在美国中小学，与家长沟通至关重要。美国中小学非常欢迎并期待家长参与学校的各种活动，其中就包括家长会。美国小学的家长会被称为“SEP”（Student Education Plan），或“PTC”（Parent-Teacher Conference）。

美国家长会多是一对一的，教师不是和一个班所有的学生家长一起开会，而是和单个学生的家庭开会。家长会除了教师、学生、家长在场外，有的学校学生顾问也会在场。如果是教师主动要求开家长会，一定要做好充分的准备，在谈论具体的学生行为时，要有充分的证据。学生到了学校，教师有教育和管理的职责，不建议教师们经常用请家长这个方法。

开家长会的目的是让家长与教师能够针对孩子的成长和学习问题进一步沟通，共同讨论学生的学习情况及需要解决的问题，找出彼此可以配合的方法来帮助学生。

Tom Smith是一个活泼好动的学生，中文成绩处于中等水平。在课上，一旦完成课堂练习之后，他就开始和其他同学聊天，影响到其他还在做作业的同学。李老师曾在课堂上多次提醒他，但是他不仅不承认自己的行为，还顶撞老师。李老师也试过在课后把他留下来单独交谈，Tom都推托有其他课外活动，拒绝交流。在之后的一次单元小测中，Tom的成绩下降得很快。李微老师只好通过邮件联系家长，告知情况，家长没有回复邮件，Tom的行为也没有变化。在和学校的学生顾问Mr. Brown沟通过后，学生顾问为李老师和Tom的家长组织了一次会议。

情景再现

• 情景一：联系学生顾问

在美国的有些学校，教师可以直接给家长发电子邮件约时间见面，有的学校则需要通过学生顾问来联系。如果需要学生顾问的帮助，可以直接去对方的办公室说明情况，以下是一个例子。

李微

Hi, Mr. Brown, do you have a minute?

Mr. Brown: Sure. Come on in.

李微: Thank you! My name is Wei Li. I'm the new Chinese teacher. We met a few days ago at the last faculty meeting.

Mr. Brown: Oh, yes, I remember. How are you doing?

李微: I'm doing OK. How about you?

Mr. Brown: I'm doing great. Thanks! How can I help you?

李微: Recently a student named Tom has been very disruptive. He often interrupts the class. I have talked to him and asked him to serve a few **detentions**[1]. Unfortunately, his behavior has not improved. I have also tried to get in touch with his parents by e-mail but have not received a reply.

Mr. Brown: Oh, I'm sorry to hear that.

李微: Yes. I am thinking that a parent conference might be helpful.

Mr. Brown: I agree.

李微: Would you be able to set up a meeting for me with the student's guardians? It would be great if you could be present at the meeting as well, since this is my first Parent-Teacher Conference.

Mr. Brown: Absolutely. I'll be glad to do that for you. What time would be best for you?

李微

I am available on Monday to Friday from 3:10 p.m. to 4:10 p.m. if they are not available after work, mornings from 7:00 a.m. to 8:00 a.m. work for me too.

Mr. Brown

OK. Let me call his parent.（给学生家长打电话）

OK, it's all set. We'll meet tomorrow at 3:10 p.m. in your classroom.

李微

Thank you so much! I really appreciate your help.

Mr. Brown

You are very welcome. Have a good day!

李微

You too. Bye!

Mr. Brown

Bye!

除了直接去对方办公室以外，还可以通过邮件联系对方，以下是一个例子。

Dear Mr. Brown,

My name is Wei Li, the new Chinese teacher. We met at the... (list an event at which you met each other, such as a school welcoming party, faculty meeting, new teacher orientation, etc.) It is an honor to be a member of this wonderful team, and I look forward to learning from all of you.

Recently, a student named Tom has been very disruptive in my class. Tom interrupts the class whenever he is done with his work. I have talked to him and asked him to serve a few detentions. Unfortunately, his behavior hasn't improved. I have also tried to get in touch with his parents by e-mail have not received a reply.

Mr. Brown, would you be able to set up a meeting for me with the student's guardians? It would be great if you could be present at the meeting as well, since this is my first Parent-Teacher Conference.

I am available on Monday—Friday from 3:10 p.m. to 4:10 p.m.. If they are not available after work, mornings from 7:00 a.m. to 8:00 a.m. would work for me too.

Thank you so much for your help! I really appreciate it.

Sincerely,

Wei Li

——————————

李微 Wei Li

Chinese Teacher

Chapel Hill High School

Tel: (484)323-9294 # 251

E-mail: weili@chapelhill.org

- **情景二：与家长在家长会现场沟通失败的例子**

Mr. Brown

Good afternoon Mr. and Mrs. Smith. We appreciate you taking the time for this conference. Ms. Li has told me that she has some concerns about Tom's behavior in class. Ms. Li, would you please give Mr. and Mrs. Smith some more details?

Sure. Tom is a smart student, and I like him very much. However, he talks a lot in class. When I ask him to stop talking, he argues with me and sometimes even curses.

李微

Tom

She's lying! I didn't do that!

Tom is my baby and I know my baby. He would not curse or be disruptive, even at home.

Tom的母亲

Tom的父亲

Ms. Li, it is hard for me to believe what you say either. Do you have any proof?

Yes. Here is a video I recorded in class that shows Tom's behavior. You can take a look yourself.

李微

Tom的父母

Excuse me?!

问题诊断

在美国的中小学里，如果教师要在课堂上给18岁以下的学生录像，必须得到家长或者监护人的许可，得到书面授权。即使学生年龄在18岁以上，教师依旧需要得到学生的许可才能录像。案例中的李老师显然不了解这个规定。没有许可的话，教师在课堂上的录像行为事实上是违法的。这样，我们就能理解家长为什么如此愤怒了。

Tom和他的父母一起离开了教室。随后，Tom的父母向学校提出申请，让Tom退出中文课。

• 情景三：与家长在家长会上良好沟通的范例

Good afternoon Mr. and Mrs. Smith. We appreciate you taking the time for this conference. Ms. Li has told me that she has some concerns about Tom's recent behavior in class. Ms. Li, would you please give Mr. and Mrs. Smith some more details?

Mr. Brown

李微

Absolutely. Mr. and Mrs. Smith, thank you for your time. Tom is very bright and catches on quickly, but his behavior hinders his ability to contribute positively in class. Often times, he is disrespectful to me and exhibits a negative attitude. I think he can improve his behavior by simply paying more attention during class, by getting permission (by raising his hand) to talk, and by being more engaged in class activities.

I didn't do any of those things! She is lying!

Tom

Tom的父亲

Ms. Li, it is hard for me to believe that Tom would be disrespectful to his teacher. He has always been polite at home. Do you have any proof?

李微：Here's is a printout of Tom's grades and a record of his daily performance. You can see what he has said and see that he behaves inappropriately in Chinese class every day. On days that he has cursed at me, I have written down a direct quotation of what he said. Daily performance is a maximum of ten percent of each student's grade, and his percentage is quite low.

Tom的父亲：I don't know what to say. I apologize, Ms. Li.

Mr. Brown：Ms. Li, this is a great opportunity to let Tom know your expectations for him and the possible consequences he will have if the misbehavior continues.

李微：Thank you. Yes. Here's a copy of my expectations for Tom. I would like Tom and his parents to read and sign this agreement. I need Tom to pay attention in class, raise his hand to get permission before talking, use polite words, and stop cursing. If the misbehavior continues after this conference, I will write a referral, and the school administration will determine the consequences.

Mr. Brown：So, Tom, do you have any more questions for Ms. Li?

Tom：No.

Mr. Brown：Mr. and Mrs. Smith, do you have any more questions for Ms. Li?

Tom的父母：No.

Mr. Brown：OK. If all of you agree with these expectations, please sign the agreement.
（参与人员签署了同意书）

Thank you all for coming. We hope Tom will be able to work with Ms. Li. If he has any concerns, he is welcome to come to either me or Ms. Li after school.

Mr. Brown

Thank you!

Tom的父母

关键词

1. **Detention：留校。**这是英美国家常见的一种管理学生的方法，属于学生违反学校规则的后果之一。要求学生在课间休息时间或者放学后留下来，待在指定的教室或区域反思自己的行为。有的学校还有“Saturday detention”，要求违反纪律的学生周六到学校报到，适用于学生严重违反了纪律、但是尚未严重到退学的情况。

分析

• 案例分析

1. 和情景二相比，情景三中的教师为这次家长会，准备了适当的材料作为证据。教师还可以提供学生的作业等作为说明学生在中文课上表现的辅助材料，因为有证据支持的意见才会得到家长的重视。
2. 中文教师通过事先和学生顾问的沟通，得到了学生顾问的支持，这点非常重要。初来乍到的新教师第一次开家长会，建议把会议的流程向学生顾问陈述一遍，情景二中，如果中文教师走了这个程序，学生顾问一定会指出录像的问题。美国的部分小学没有学生顾问，中文教师可以找学校中比较熟悉的同事，或者学生其他课的科任教师协助。
3. 在沟通中，中文教师主要从学生的角度出发，强调学生在课堂上的行为影响了他的成绩。这是家长关心的，和家长的立场也是一致的，同时也表现了教师对学生的关心。如果强调学生影响了他人则缺乏说服力。
4. 情景三中，中文教师准备了书面材料，清晰表达了自己对学生的期望，并且在会议结束前让家长、学生、学生顾问签字，这点非常值得我们借鉴。签字这个行为，代表大家达成共识。对于学生来说，等于他在中文教师、家长以及学生顾问的见证下，明确了中文教师对他的期待。这点也从另一个方面证明了中文教师准备工作做得十分充分。

- **文化点**

1. 和家长的沟通：美国对学生的教育以鼓励为主。新教师到学校，建议先通过邮件形式向家长介绍一下自己，每个月还可以通过班级新闻通讯（详见P108）的形式定期和家长沟通学生在学校的表现，或者单独发邮件分享学生在中文课堂上的积极表现。要避免第一次联系家长就是通知家长来开会的情况，以免给家长留下“一旦中文教师找我，就不是什么好事情”的印象。如果前期有主动的沟通和联系，争取家长的支持，在处理学生的不当行为时，家长在情绪上会相对缓和一些，也更容易配合教师解决问题。此外，案例中李老师是在尝试邮件联系家长没有得到反馈的情况下才选择开家长会的，这也是值得大家学习的。可以用邮件或电话解决的话，就不用请家长特地来一趟学校了。家长没有回复邮件的原因我们不得而知，我们的建议是在发送某些需要家长回复的邮件时，最好同时抄送给学校的相关人士，这种做法可以在一定程度上避免家长不回复邮件，另一方面也确保有人知道你已经做出了相应的努力。
2. 姓名和称呼：案例中，李老师对家长、学校顾问的称呼都是非常恰当的。如果用的是对方的姓，前面一定要根据实际情况加上“Mr.”“Ms.”“Mrs.”等称谓。如果学生顾问或其他同事有博士学位，还可以在姓的前面加上“Dr.”以示尊重。除非特别熟悉，才可以直接在邮件中称呼对方的名字。
3. 电子邮件签名：和私人邮件不同，电子邮件签名是职场邮件礼仪的一部分。当教师们作为学校教职工跟家长等校外人士沟通时，电子邮件签名能给对方提供一些补充信息，方便对方及时与你联系。电子邮件签名不宜过长，案例中李老师的电子邮件签名主要包括四个部分：姓名、工作单位、电话和邮件地址。如果有必要，还可以加上办公室地址。有的学校，教师们还会加上具有学校特色的口号等。

- **友情提示**

1. 家长会是一次沟通的机会，不单单是要解决教师想要解决的问题，也是一次让家长充分了解自己的孩子在学校课堂内外表现的机会，从而让教师、家长达成良性沟通，帮助学生成长进步。
2. 记录学生行为的方法：未经许可就对学生进行录像是违法的。如果教师向学生或者家长申请录像许可，家长不同意，教师可以对学生课堂上的行为做详细的书面记录（包括行为发生的时间、地点和在场学生的名字等）作为学生在课堂上行为举止的证明。因为教师是专业人士，校方会信任你的文件，如果教师觉得有必要，还可以请在场的学生签字确认。

3. 在第一次开家长会的过程中，中文教师应多注意学生顾问的言行举止，特别是学生顾问问候家长以及和学生沟通的方式，如何让家长明白会议的目的是帮助学生在中文课上做得更好，如何适当地称赞学生及家长等，这些真实的语言和沟通方法对教师们将来和其他家长开会都会有一定的帮助。
4. 与家长沟通时，要先跟家长谈学生的优点，即使是有问题的学生，也要在谈问题前先说优点，这样家长就会更容易接受和沟通。家长对孩子在学校的成绩及表现有知情权，所以教师应将学生在校的表现及时告知家长。如果学生成绩下滑，教师却没有及早跟家长联系，就可能会受到家长的投诉。此外，在校方看来，家长是教师可利用的非常重要的解决问题的资源，因此，与家长沟通是美国中小学教学中非常重要的一部分工作。如果跟家长沟通良好，教师就有了有力的支持，对自己的教学工作会有极大的帮助。

拓展练习

1. 在你的课堂上，有个学生常常不做家庭作业。有时候说他“忘记带了”，有时候说他“很忙，没时间做”，或者说“他的作业被狗吃了”，还有的时候直接抄同学的作业，这时你该怎么办？如果要和这个学生的家长开一次家长会，你会提前做哪些准备？
2. 家长给校长打电话，说教师在中文课上给学生看的电影中有一些暴力镜头，包括杀人等血腥的场景，学生回家后晚上做噩梦，不能入睡，只好去看心理医生。面对这种情况，你会怎么处理？

【编者　杨娜等】

03 小学沉浸式项目家长会

背景

许多美国小学的中文沉浸式项目是“50/50模式”，除了与家长沟通学生情况外，沉浸式项目的家长会还有一个目的——让家长通过学生跟教师的互动了解孩子的成长。大部分家长是不懂中文的，所以中文沉浸式项目的家长会上会增加中文访问的环节，让教师在家长面前检测孩子的中文程度，以便家长能直观地了解孩子的中文水平。

情景再现

• 情景一：二年级的家长会范例

时间：开学第九周

学生情况：已经学过一年的沉浸式中文

时长：15分钟

整个家长会大致分成**三个环节**[①]：

1. 英文教师跟家长汇报学生的表现和成绩（每个学生有一个文件夹，里面有学生的英文听说读写成绩、出勤和每天表现记录）；
2. 中文教师根据上课九周以来的教学内容对学生进行一个简单的中文测试，教师进行现场评分，会议结束后拿给家长；
3. 请学生在会议室外面等候，中文教师用英文跟家长沟通孩子的中文课堂表现、作业情况以及对家长配合教学的期望。

▶中文测试

中文测试前，教师应提前准备好评分表，如下：

Great job! Way to go!				
Name:	Date:			
Questions in Chinese	Follow the directions	C	CH	G
1	Chinese flashcards			
2	Read Chinese sentences			

① 每个学区家长会举行的时间和模式都不一样，这里列举的是沉浸式项目经常采用的模式。

续表

Questions in Chinese	Follow the directions	C	CH	G
3	Number operations			

C - Can do this

CH - Can do this with help

G - This is a goal for your child

✓Start memorizing characters at home

✓Spend 20–30 minutes reviewing Chinese at home

✓Turn in homework on time

✓Work on math

✓Stay on task

第一部分：中文听说

教师制作了一些关于水果的词卡，先展示给学生提问“这是什么水果？”“苹果是什么颜色的？”等；然后提问“你喜欢吃什么水果？”“为什么你喜欢吃？”；最后提问“可不可以天天吃很多的水果？”“为什么不可以？”。

通过回答“为什么”锻炼学生的交际能力，教师平时可以在早自习或者是中文课上安排一些活动，如，采访伙伴、一对一对话、师生对话等；让学生反复练习一些简单的日常对话，如：“这是什么水果？”“这种水果是什么颜色的？”“你喜欢吃什么水果？”“为什么你喜欢吃这种水果？”“可不可以天天吃？”“为什么不可以天天吃？”……问他们“为什么”并示范如何回答。

第二部分：中文阅读

由于时间限制，建议让学生在家长会时只进行阅读而不写汉字。金老师参考一年级教师准备的句子单，选出一到两句他们在一年级家长会时读过的句子，然后加入一些本学期学过的词语组成的单句以及课文里的原句，组成新的句子单，一共有六句话，如右图。

家长会句子单

1. 今天是十月十二日，星期五。
2. 我喜欢吃苹果。
3. 你喜欢吃什么水果？
4. 披萨很好吃，可是不可以天天吃。
5. 星期三可以吃西瓜。
6. 下个星期妈妈不在家，你们要吃什么？

第三部分：数学

教师提前给学生一个白板，上面画有数位表还有一些数值圆盘（上面有1000、100、10、1不同数值），教师说一个数字，让学生在白板上用数值圆盘摆出相应的数字（如

123，百位下面放一个100的圆盘，十位下面放两个10的圆盘，个位下面放三个1的圆盘）。学生听到指令后应立马做出反应，教师及时反馈。

• 情景二：一年级的家长会范例

时间：开学第九周

学生情况：零基础

时长：15分钟

由于学生是零基础且学习中文不久，所以问题比较简单，都是针对开学以来学生接触的各种学习内容来检测学生的听说和反应。

当学生和家长走进教室时，中文教师和英文搭档教师已在教室等待，教师应提前将检测要用的各项物品准备好，如：访问的问卷（2份，教师、学生各一份，教师一边访问，一边给成绩）打印出来剪好；学生的档案夹放在一旁；成绩单（2份，一份教师留档，以便进一步了解学生学习情况，另一份访问完与学生档案夹一并让家长带回家）放在桌上；因为家长不懂中文，还要将写有英文解释的问卷贴在桌子上，只给家长看，学生坐在看不到这个纸条的地方。

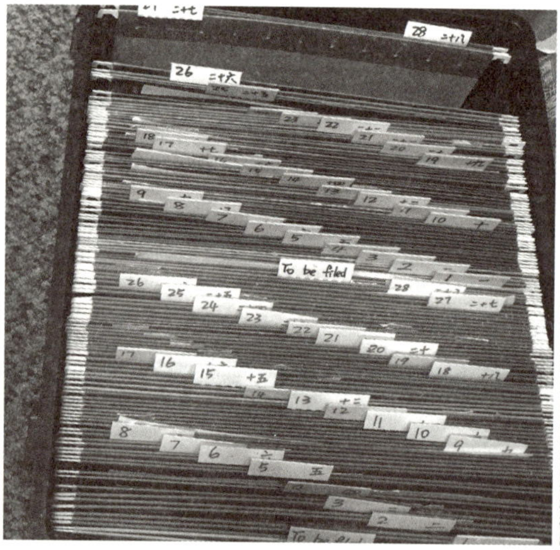
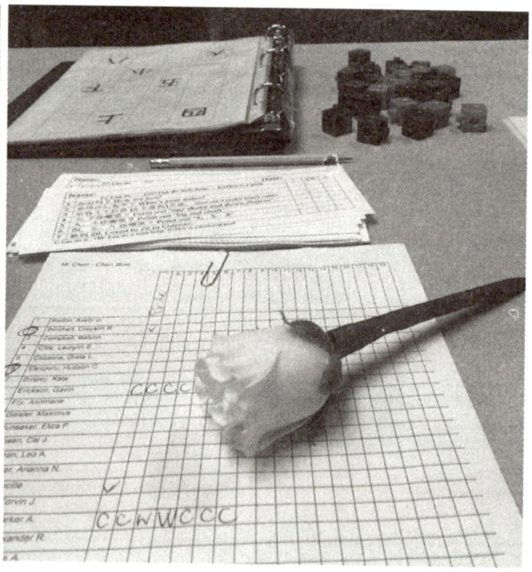

测试前准备的材料

测试问卷				
Name: Date:				
	Questions	C	CH	G
1	你好吗？（How are you?）			
2	你叫什么名字？（What's your name?）			

续表

	Questions	C	CH	G
3	你几岁？（How old are you?）			
4	给我3个红色/5个蓝色方块。（Give me 3 red 5 blue cubes.）			
5	“你”在哪里？（Point out character *you*.）			
6	“再见”在哪里？（Point out characters *good bye*.）			
7	“老师”在哪里？（Point out character *teacher*.）			
8	数到20。（Count to 20 in Chinese.）			

C= Can do this

CH=Can do this with help

G=This is a goal

第1题到第3题是基本问候；第4题除了听力之外，学生还要知道颜色和数字；第5题到第7题是让学生在教师事先打出来的众多汉字当中找出对的汉字；第8题则是看学生是否能听懂指令并按指令数数。

中英文教师先与学生及家长寒暄并安排他们就座。

英文教师

Please have a seat here (to the parents).

中文教师

来，坐这里。（对学生说）

中文教师访问时，英文教师和家长在旁观察，英文教师可以根据已贴好的问卷给家长解释。访问完后，换英文教师访问。

英文教师

That was great. You have learned so much Chinese already. We are very proud of you. Miss Li and I are so happy you are in our class. Let's take a look at what we have here.

英文教师会打开学生的英文档案夹，让学生看自己的作品。

英文教师

Look at how well you can write your letters now. You are being careful and trying your best. Thank you for being such a great student.

学生说完话就去外面等，教师通常会提前在外面准备椅子和中英文图书，让学生可以在外面一边看书一边等候，接下来就是父母跟中英文教师面对面深入沟通的时间。

中文教师

（中文教师指着记录好的问卷给家长看）
As you can see, your child comprehends the language pretty well. He did a good job answering all the questions. He only needed help on question number six. You can find all of these Chinese characters in homework or in our online reading materials. Please let me know if you have any questions.

Please give me the log in information for the online reading again. We will work on it at home. Thank you for everything.

家长

英文教师

His reading is coming along. He successfully read the entire sight word list. We appreciate your support at home.

He is a hard working student. He loves to help others, and he pays attention in class.

中文教师

家长

Thank you. We love him too.

分析

• 案例分析

对比两个情景中的案例，有以下两点不同：

1. 细节不同：情景一的访问问题只有简单的三句英文“Chinese flashcards”“Read Chinese sentences”以及“Number operations”，这些问题范围较大，好处是每一个年级、每一个学期都可以使用；缺点在于针对性不够强，即使标上“C”“CH”和“G”以后，学生和家长也没有可以依循的方向去复习或改进。家长对于教学的辅助与支持非常重要，教师应该利用家长会的机会与家长达成共识。情景二的问卷加上了中英文注解，即使家长不懂中文，也可以跟孩子沟通，了解孩子哪些方面需要帮助，并通过教师的指导在家辅助孩子的学习。
2. 后续不同：第一个情景里面教师没有保留一份记录。很多沉浸式项目的教师需要面对45个甚至更多学生，检测记录利于记录哪些学生需要何种学习上的帮助，帮助教师修正教学的方向。

- **友情提示**

1. 用积极的态度面对每位家长。家长是教师的“战友”，因为孩子的进步是他们最希望看到的。教师应该利用家长会的机会与家长共同努力，让学生（他们的孩子）做得更好。
2. 准备，准备，再准备！提前预想好要与家长沟通的内容，每天挤出一些时间对每位学生进行简单的记录。记录可以包括两个方面：值得夸奖的和需要继续改进的。再淘气的学生也有他/她闪光的地方，提前把学生闪光的地方找出来！中文测试的时候应以展示学生成就为主，除了口头评价之外，还可以给家长呈现一些学生的作品，如准备两个本子给学生练习：一个是《我的中文字典》，学习一个单字，扩展三个词语，每个词语组一个陈述句和一个疑问句；另一个是《我的中文日记本》，记录每个单元结束后，教师带学生用五到六句话来写的小短文。家长会的时候，家长看到孩子可以写这么多中文，也会很高兴。
3. 在提出问题的同时也要提出解决的方案。“He is distracted a lot.”是没有意义的陈述，教师可以说：“I am concerned because your son is often distracted during independent work time in my class. Here is what I am doing to help him... Do you see this kind of behavior at home? Do you have any other ideas for things I can try? Can you think of anything you might be able to do?”
4. 用一种学习的心态去面对每一位家长。家长会也是中国教师更全面地了解和学习美国教育方方面面的宝贵机会，教师可以通过家长会从家长的口中听到他们对于美国学校的看法，对于孩子的不同教育方式，孩子对于课堂的反馈，放学后孩子都做些什么，家长对孩子的期待等。
5. 真心关心孩子。教师应注意多记录学生在学校的细节分享给家长，如：她今天在数学课上很棒，我让她当小老师帮助别的小朋友。每个学生都或多或少会有不同的闪光点，教师的分享可以让家长感受到你是真心实意地关注他们的孩子的，家长才会心甘情愿地配合你的一系列工作。
6. 学生作品的收集有两种：一种是家长会后让家长带回去的，可以收集几个阶段的作业来呈现学生的成长，如平时的小考或一些季节性的美术作品；另一种是一整年的成长证明，这种收集可以在学年结束时再给学生带回家。

拓展练习

1. 在开过家长会后，你收集的检测结果可以如何具体地帮助你？
2. 有家长说教师从来不说实话，没有必要来参加家长会，你会如何应对？

【编者　Marty Chen，金山】

04 班级新闻通讯

背景

2013年8月，Apple High School第一次开设中文课。学生、家长，甚至学校相关领导，都对中文比较陌生。让新开设的外语项目吸引更多人的参与和关注，成为杨老师的重要任务。

在第一个月里，杨老师通过发邮件的方式向某位学生家长反映了该生在校的不良表现。后来，杨老师逐渐反思到：第一，家长应该不大乐意在百忙之中看到此类消息；第二，如果学生不主动跟家长谈论自己在中文课的所学所做，家长就无法了解自己孩子在中文课上的表现；第三，学校中文项目的负责人和校长无法通过这种沟通方式了解中文项目进展。

在这种情况下，杨老师是怎样扭转这种消极被动的沟通局面的呢？

情景再现

• 情景一：与家长沟通学生在中文班综合表现的范例

受到美国大学理事会新闻通讯（newsletter）[1]的启发，杨老师决定尝试制作班级的新闻通讯，每月一期，然后通过邮件定期发给学生家长并抄送给学校中文项目负责人和校长。

▶杨老师班级新闻通讯录的基本内容

1. 教师寄语

   在每学期第一期的班级新闻通讯里，杨老师都会简单介绍一下自己，放一些中文教室和自己的照片，介绍中文课的要求；在最后一期的班级新闻通讯里，他会对这学期所学内容进行简单的总结概括，肯定学生在中文课中的努力与进步，同时感谢家长对中文项目的支持。

2. 中国文化介绍

   在每期新闻通讯里，杨老师都会推送一些简短的中国文化介绍，如，熊猫的故事和中国新年的传说等；有时候，他也会做一些文化比较，如，中国人和美国人过圣诞节的异同……这样，学生家长也可以在闲暇之余增加对中国的了解，从多角度认识中国和中国文化，而且也可以让家长慢慢乐意支持孩子学中文。

3. 学生参与的中文课堂活动和文化活动

这部分是班级新闻通讯最重要也是最能吸引家长眼球的部分。在这一部分，杨老师以照片的形式直观地展示学生参与的课堂活动和课外文化活动，如：中国传统婚礼仪式和包饺子活动。此外，他也会把学生的优秀艺术作品或作业挑选出来，放在新闻通讯中给予展示和肯定。

4. 给学生的生日祝福

为了及时给学生送去生日祝福，他提前在Infinite Campus（一种学生信息管理系统，不同学校可能使用的软件不同）上查看学生的个人信息并在工作日历中标注出来。当天，他会带领全班同学用中文祝该同学生日快乐，同时也会用中英文两种语言把生日祝福写到班级新闻通讯中，为学生营造温馨的学习氛围。

5. 荣誉墙

杨老师会在班级新闻通讯的最后一页表扬一些在中文课上综合表现进步明显和成绩优异的同学，鼓励他们再接再厉。

班级新闻通讯很受学生与家长欢迎，学生渴望看到自己在中文班的成长和进步，也非常高兴能与自己的父母分享自己在学校的表现，并得到更多的肯定；很多学生家长也纷纷发来电子邮件肯定杨老师为学生做出的努力，支持自己的孩子学习中文和中国文化。下面是一些家长的回复：

Thank you for these great newsletters! I felt way more involved with this class than any other of Tom's. He loved this class and looks forward to taking it next year too!

The addition of Mr. Yang, a native Chinese faculty member expanded our kid's knowledge base at Apple High School. Mr. Yang has made an enormous difference in the language and cultural competencies of our children over the last two years. We love his monthly newsletters so much!

Thanks Mr. Yang for the newsletters. Jack is so excited to be studying Chinese. Looking forward to what he will share with me. Oh, he loved the class name you gave him. Be blessed.

更让杨老师惊喜的是，在某一个周三的外语部晨会上，校长向其他教师展示了他做的新闻通讯，分享丰富多彩的中文活动和中文语言与文化推广的成功之处，让很多教师都眼前一亮。校长也对他与家长沟通的方式给予了极高的评价，还鼓励其他教师向杨老师学习。

▶杨老师班级新闻通讯的范例

教师可以参考制作出具有自己独特风格的班级新闻通讯。

班级新闻通讯

• 情景二：与家长沟通学生在中文班学术表现的范例

班级新闻通讯能够很好地反映学生短期内在中文班的活动情况，让家长了解学生参与了那些活动、学到了什么。但是，班级新闻通讯不能全面地反映每个学生的中文学习情况，如，中文成绩和语言能力，而这都是家长比较关心的方面。平常的邮件和电话联系只能让家长对孩子的学习情况有一个大致了解，但他们不清楚孩子的学习问题所在以及解决方法。针对这些情况，杨老师设计了一个中文学习进度报告单，可以使教师与家长更深入地沟通学生中文学习情况。

1. 我的学术表现

My academics

My current overall course percentage & letter grade: ______

How do I feel about my grade? (Circle one) ☺😐😟☹

My current letter grade and percentage for each core skill:

(Grading scale: A=90%–100%, B=80%–89%, C=70%–79%, D=60%–69%, F=0–59%)

Chinese II Core Skills #1–3	My % at the end of this month	**Chinese II Core Skills #4–6 and Participation**	My % at the end of this month
1. Listening		**4. Writing**	
2. Speaking		**5. Grammar**	
3. Reading		**6. Vocabulary**	

\# of assignments missing/incomplete: ____ # of assignments turned in late: ____

在这一部分，学生既能了解自己的中文综合成绩，也能确认是否达到了自己的目标。中文成绩分为听、说、读、写、语法和词汇六个部分。从六个部分的得分情况，学生和家长能清楚地了解到中文学习哪个部分需要努力。此外，学生可以借此回顾自己的作业完成情况。

2. 我的课堂互动、努力与责任

My interactions, effort, and responsibility

Reflecting upon the following areas, this is how I rate myself in demonstrating these behaviors in class this month:

续表

Attitude/behavior with peers	Excellent	Good	Needs Work	No Effort Given
Attitude/behavior with Ms. Yang				
Effort to participate in class (in Chinese)				
Being responsible for my learning				

(Completing homework, coming to class consistently and on time, paying attention and participating in activities, completing practice tests, etc.)

My personal goals for next month in this class: ______________

My comments for Ms. Yang (if any): ______________________

这部分旨在启发学生发现自己的问题，据此确立下一阶段的学习目标。学生也可以就自己学习中的困难向教师寻求帮助，或者对教师的教学提出建议。总之，这个报告单给学生提供了一个自我评估、敞开心扉的机会，也为教师和家长深入了解学生提供了很好的“情报”。

3. 家长的留言

家长看完这个报告单，有什么问题和意见都可以反馈给教师。比起发邮件和打电话，这种方式使教师与家长沟通更有效、更方便、更直接。

(Parent section)

Parent comments or questions for Mr. Yang (if any):___________________________

____

Parent signature: ___________________________ Date: ____________

Please contact me if you have any questions or concerns:

lyang@applesed.org or (555) 332-7777.

Thanks!

中文学习进度报告单比较适合系统学习中文的高中生，以一个月或一个学习单元为周期，让学生总结和评估自己的中文学习情况。

关键词

1. **新闻通讯：newsletter，俱乐部、团体等给特定读者定期寄发的通讯简报。**本文指教师发给家长及学校的班级新闻通讯。

分析

• 案例分析

1. 情景一的班级新闻通讯是宣传、推广中文项目的最佳平台之一。丰富多彩的中文活动既培养了学生学习中文的兴趣，又可以吸引更多的学生加入到中文项目中来。如果教师们把中文活动以班级新闻通讯的方式呈现出来，就能够进一步扩大中文项目的影响力，提高人们对它的认知度。另外，班级新闻通讯也是教师与家长沟通的好帮手。家长浏览完新闻通讯后，就能够清楚地了解到自己孩子在中文课堂的综合表现和学习进展。同时，班级新闻通讯输送的都是正面的信息，家长在阅读它时不会有太大的压力，特别是荣誉墙，家长看到自己孩子的名字应该会很高兴。更重要的是，家长通过新闻通讯也可以了解到中文教师的工作态度和能力，为争取家长对中文项目支持提供助力。
2. 利用情景二中的中文学习进度报告单，教师就掌握了第一手资料，既方便自己对学生进行针对性的辅导，也方便告知家长学生的学习表现及影响表现的潜在因素。这个报告单也充分发挥了学生的主观能动性，督促他们更深入地了解自己的中文学习情况，反思影响自己中文成绩的因素，确立自己的学习目标，学会对自己的学业负责。另外，由于报告是以月或章节为周期的，不管是教师、学生还是家长，他们都可以及时发现问题并采取措施解决问题，降低了补救难度。

• 友情提示

1. 因为新闻通讯中涉及学生的照片，教师要保证提前获得学生及家长的允许。
2. 制作新闻通讯的工作量很大，需要教师提前做好规划和准备。以下制作流程供教师参考：

采集照片 → 确定主题内容 → 筛选素材 → 排版编辑 → 校对修改 → 定稿发送

3. 教师也可以给学生锻炼的机会，让他们来制作班级新闻通讯：让学生以小组为单位，明确分工与职责，合作轮流编写班级新闻通讯，教师可以负责统筹和指导，也可以参与新闻通讯某一个版块的制作。
4. 一个新闻通讯篇幅不能过长，最多不超过五页。文字内容过多、篇幅过长就会影响读者的阅读兴趣。
5. 不管是新闻通讯还是中文学习进度报告单，它们都关乎学生的隐私，所以教师在发送邮件时一定要特别小心，要确认收件人和发送地址是否正确。
6. 中文学习进度报告单中的学生成绩要由教师来填写。教师收回报告单后，要有针对性地改进教学。
7. 中文教师要多与其他教师交流，借鉴他们与家长沟通的有效方式，少走一些弯路。

拓展练习

1. 你准备策划一个中国新年活动。你将如何与家长和学校相关领导沟通，并邀请他们参与其中？
2. 如果一位家长打电话给你，反映自己的孩子中文成绩不理想，想让你提出解决办法，你打算怎样跟家长沟通？

【编者　杨璐】

英语小智囊

语言误区

✕避免使用的词：punishment, bad, annoying, shut up

✓建议使用的词：choices or consequences; inappropriate or unacceptable; attention, focus or be quiet

小提示：

- ***Punishment，choices，consequences***

  使用“choices”给学生、家长和学校的感觉是教师想了种种办法来解决问题并且非常尊重学生的权利；使用“consequences”传达的信息是教师非常专业（professional），在依照学校规定进行有理有据的处罚；而“punishment”给人留下的则是主观、心狠的印象。

- ***Bad，annoying，inappropriate，unacceptable***

  教师使用“inappropriate”或“unacceptable”给人的感觉是学校风气很好，不能容忍学生做不合适的事情；使用“bad”或“annoying”，给人的印象则是这位教师非常挑剔，不喜欢自己的学生，极有可能会引发听者的反感和抵触。

- ***Shut up，attention，focus，be quiet***

  “Shut up”（闭嘴）是非常粗鲁和不礼貌的说法，教师应该使用更积极得体的说法：“Attention, please.”“Focus.”“Please be quiet, let's get back to our lesson.”

实境范例

1. 怎样跟家长说学生表现不好?

词汇：struggling with, having a hard time with, having difficulty, having trouble, not working up to his potential

例句：

（1） Tom is struggling with character recognition.

（2） Tom is having a hard time staying focused in class.

（3） Tom is having difficulty working independently.

（4） Tom is having trouble getting his work done outside of class.

（5） Tom is not working up to his potential.

小提示：陈述具体的事实，忌用家长难以接受的贬义词，如lazy，bad，disruptive，troublemaker等。

2. 怎样夸奖学生?

词汇：persistent, curious, engaged, has made progress, enjoy having... in class, positive influence, shown improvement, on the right track

例句：

（1） Your child is persistent.

（2） Your child is curious and engaged.

（3） Your child has made a lot of progress in listening comprehension.

（4） I really enjoy having your child in class because she helps her classmates.

（5） Your child is a positive influence in the classroom because she is attentive and loves learning.

（6） Your child has shown great improvement in her writing ability.

（7） Your child is on the right track in terms of her behavior in class.

小提示：在夸奖学生时，避免用空泛笼统的说辞，建议具体说明学生在哪个方面做得好。

英语模板

电话留言：跟家长联系时，常常需要打电话。在美国，电话留言也很常见，留言要清楚、正面。

This is... I am ...'s Chinese teacher at... I'm calling because I'd like to talk to you about how things are going in class, and how I might best support... Please give me a call. My number is... I mute my phone while I'm in class, so if you reach voice-mail, please let me know the best time to reach you and the best number to call. Thanks and I look forward to talking to you.

第四节　与学生就敏感话题沟通：以吃狗肉为例

背景一

中国教师在美国教学的过程中，经常会遇到学生向教师提出中国人吃不吃狗肉的问题。张老师在美国教七年级学生的中国文化课，在刚开学不久的一次中国文化习俗课堂上，美国学生Johnson就中国人吃狗肉的问题，直接向教师提问。

情景再现一：沟通不妥的例子

张老师

今天的学习任务完成了，下面几分钟时间大家可以用英语问一些有关中国文化的问题。

Johnson

Ms. Zhang, I have a question. I've heard that Chinese eat dogs. Is this true?

（所有学生都盯着张老师，等待着她的回答）

张老师

Yes...

（教室瞬间炸开了锅）

学生们

That's disgusting...

（张老师的声音被学生的声音淹没）

张老师

Please quiet down. Not all people in China eat dogs. Many do not...

Johnson

Why do Chinese people eat dogs? It should be illegal.

As I said, not all Chinese people eat dogs. But it is part of the food culture...

张老师

（其他学生打断了张老师）

That's gross. How could they? Our dogs are part of our family.

Linda

（张老师的课堂濒临失控）

No. You don't understand. In China, most people love dogs and don't eat them. But in some parts of the country, of the country people think dog meat is good for their health during the cold winter months. Again, most Chinese people don't like eating dogs.

张老师

Ms. Zhang, do you eat dogs? Have you ever eaten dogs?

Johnson

No, I haven't.

张老师

Really?

学生们

Yes. OK, we won't talk about this topic any more today. It's time to end class.

张老师

课后，张老师的学生都在谈论中国人吃狗肉的问题。张老师非常沮丧，因为她没能很好地解答学生提出的问题，她很担心有些学生会对她和中国文化不予尊重，但是不确定她的学生是否能够理解不同的文化与习俗，因此张老师之后一直回避这个话题。

背景二

杨老师在美国教授初中六年级学生的中文。在刚开始教学的第一个月里，她不止一次遇到了学生在课堂上询问中国人是否吃狗肉的问题，这一次，学生直指关于中国**玉林狗肉节**[1]的新闻，此时，教师回避这个话题是不可能的了。

情景再现二：沟通成功的例子

杨老师：今天的课堂学习任务已经完成，剩下的时间，大家可以提一些关于中国文化的问题，可以用英文提问。

Jose：Ms. Yang, do Chinese people eat dogs?

杨老师：That's an interesting question.

Jose：Chinese people eat dogs, don't they?

（所有学生都静静等待着杨老师的回答）

杨老师：In my circles in China, I've never known anyone who eats dogs. In China, many families keep dogs and cats as pets. People treat dogs as family members. They love them and take good care of them. My family had eight dogs during my childhood.

Jose：Ms. Yang, I heard that in China, some people kill dogs and eat them...

Amanda：(Yelling at Jose) Be quiet. It's not true.

杨老师：Well. I am Chinese, but I can't say that I understand all of Chinese culture. China's history goes back 5,000 years and spans a huge geographical area. Some parts of our culture are common to all Chinese, and some are specific to certain regions. You are right. In some areas of China, people do eat dogs. When looking at a cultural practice that we don't like, it is important to try to understand the historical conditions that gave rise to the practice. While we may disagree with a particular aspect of a culture, we can still respect the culture as a whole. Every culture, including the American culture, has some aspects you like, and others you probably don't.

Yes, we need to respect all cultures.

学生们

Edwardo

Ms. Yang, I know Chinese eat dogs because I read about it on the Internet.

If I may, I'd like to ask all of you a question.

杨老师

（学生们等待杨老师提问）

杨老师

Some Americans eat venison, right?

Yes. It is almost **deer hunting season**[2]. Venison taste great.

Jane

Really? Deer are so beautiful and graceful. Why do a small number of Americans eat venison?

Because they like to hunt.

学生们

（很多学生不知道如何回答杨老师的问题）

杨老师

It sounds cruel to me, but I understand that deer hunting is part of your culture. In early stages of human history the primary challenge humans faced was simply survival. There was a very real possibility that they would either be killed by other animals or die of starvation. Humans hunted other animals in order to survive. And in modern cultures around the world, humans preserve some of these very ancient practices as a way of staying connected with their traditions. Nonetheless, in this day and age we have the wealth and knowledge that allows us to choose not to hunt. We also work to protect endangered species. But back to the question of eating dogs. Yes, dogs are eaten in some parts of China, and in the southern part of China there is a small town named Yulin that has an annual dog meat festival. In these areas, they raise dogs for meat, just as people around the world raise chickens, pigs, and cows.

So they raise dogs for their meat, and don't keep them as pets?

Edwardo

杨老师

Right, they do not keep dogs as pets. I don't think anyone could kill a dog if they saw it as a member of their family. Are you starting to understand this issue better?

Yes. It is starting to make more sense.

学生们

杨老师

Edwardo, do you understand that this is a very old cultural practice that still exists in some parts of China?

Yes, I do.

Edwardo

课后，杨老师的学生不再谈论吃狗肉的话题，因为他们了解到中国只有某些地区的一小部分人吃狗肉。而且，他们意识到，自己文化中的一些现象在外国人看来可能也无法接受，这是文化差异造成的。

关键词

1. **玉林狗肉节：又称“荔枝狗肉节”，是中国广西玉林市民间自发形成的节日，与夏至日同天。**在每年夏至，当地群众便会按历史形成的风俗开始大量食用荔枝和狗肉，玉林荔枝狗肉节也由此得名。

   但是中国动物保护组织、爱狗人士组织等一直采取各种形式反对。2013年民意调查显示，大多数中国人反对吃狗肉，强烈要求取缔玉林狗肉节。2016年6月，经常受政府委托进行各类民意调研的零点公司，受中国动物福利机构首都爱护动物协会、国际人道对待动物协会以及Avaaz全球公益动员组织委托，执行了这份调查。调查结果显示，在接受调查的民众当中：64%支持取缔玉林狗肉节，51.7%认为狗肉贸易应该被全面禁止，62%认为玉林狗肉节损坏了中国的声誉，69.5%从未吃过狗肉。

2. **Deer hunting season：美国允许有狩猎证的公民在特定的季节猎杀鹿，部分美国喜欢吃鹿肉。**

分析

• 案例分析

1. 在情景一中，张老师不了解在美国狗对于很多家庭的重要性。美国很多家庭养狗，而且把狗视为家庭成员。很多孩子的成长过程中都有狗这样的宠物陪伴，他们把狗当人一样对待。甚至还有地方法律保护宠物狗的权利，如，在德州，人们购物时单独把狗锁在车里，尤其是夏天，时间长了就算违法。

   很明显这位教师没有预料到学生对吃狗肉这个话题有这么强烈的反应。张老师的回答过于直接，没有把这个话题当作敏感话题去有技巧地应对和处理。初中阶段的美国学生，还不完全具备跨文化意识，会把这个现象当作观点的差异，根据自己的文化背景来评判此事。这样，教师就非常容易陷入被动，找不到合适的角度来让学生明白这是文化差异所致。关于这个话题，也有其他教师建议直接回答“不，我们不吃狗肉”，这样的做法，可以暂时回避困境，但当学生在网络上看到关于中国玉林狗肉节及救狗志愿行动的新闻报道时，会认为这位中文教师在撒谎，教师会失去学生的信任，让自己陷入更加被动的局面。
2. 情景二中，杨老师巧妙地回避了美国学生的质疑，成功引导学生从文化差异角度思考问题。因为该教师充分了解美国的宠物文化，知道在美国，狗对于很多家庭的重要性，并利用这种共识，先取得了学生的信任和支持，然后她说的话就会比较有说服力。杨老师巧妙地用类比的方法，对学生进行了跨文化意识的输入教育，为以后再次遇到这类问题打下基础。中文教师在教学中要注意引导学生用包容的心态接受文化的多元性和差异性，并为学生树立跨文化思考的榜样，培养孩子分析与理解文化差异的能力。
3. 情景二中，杨老师在课堂上用美国人吃鹿肉、猎杀鹿的事例引导学生，让他们处于中国人吃狗肉的共情中，用浅显易懂的方式对事件进行客观解释，使学生能够正确看待一些他们不能理解的习俗，这种做法是值得中文教师们借鉴的。建议教师在没有把握处理好敏感问题时，先不正面回答，而是通过具体事例铺垫引导，建立学生的同理心，让学生理解和尊重不同文化。

• 文化点

大多数美国人都亲近地视狗为家庭成员，一旦听说有人吃狗肉，就会感觉到像吃人肉一样的不舒服。他们没有宠物狗和肉狗的概念，这是中美文化的差异，而在中国，少数地区确实有吃肉狗的习俗，这就产生了文化的冲突。

杨老师在某次小型演讲中，提到“大部分中国人反对吃狗肉，我自己是不吃的，只有极少一部分人吃”。他的美国mentor听后告诉他：“美国人非常爱狗，不管你吃不吃狗肉，他们只要听到中国人吃狗肉这件事就会觉得中国人很可怕，进而对中国产生负面印象，所以我觉得你今天提到这个话题并不明智，建议你以后都不要提了。”因此，教师在日常沟通与演讲中也应当注意避免讨论敏感话题。

- **友情提示**

中文教师在课堂上如果遇到被曲解的文化问题，要有策略、谨慎地回答。尽量不正面把文化差异摆到学生固有文化认同的对立面。如果实在回避不了，就需要用美国人可以接受的方式，循序渐进地做客观解释。

拓展练习

在美国，中文教师常常会遇到一些当地媒体的采访，个别媒体记者会提出一些涉及政治、社会等敏感话题的问题。有些中文教师因为没有应对媒体的经验，回答不当，被断章取义地编辑发表或播出，在当地造成负面影响，甚至引起一些当地人对中国的误解。

如果你遇到媒体采访时，问题涉及你对台湾问题、西藏问题等敏感话题的看法？你会怎样应对？

【编者　杨忆慧】

英语小智囊

语言误区

×避免使用的词语：strange, ugly, disgusting

✓可以使用的词语：accept, respect, embrace

实境范例

1. 如何礼貌地寻求帮助？

例句：

（1） I need some help now. If you are free, could you possibly come lend a hand? Thank you so much!

（2） I am in a bit of trouble now, and I am wondering if you would be free to come and help out.

2. 如何阻止学生诋毁其他国家的文化或风俗？

例句：

（1）In our class, we welcome diversity.

（2）In our class, we do not discriminate.

（3）In our class, we accept differences.

3. 如何解释因文化差异引起的误解？

例句：

（1） Apologies. I did not realize that...

（2） I am sorry. I didn't really mean...

（3） Sorry for the misunderstanding, but in Chinese culture we tend to think differently. Can I share my perspective with you?

情景范例：制作宣传海报号召学生避免歧视，尊重不同文化。

Respect our difference.（尊重不同。）

Embrace our diversity.（接受多元化。）

Be proud of your own culture.（为自己的文化感到自豪。）

Confucius said: The gentleman strives for harmony, not uniformity.（子曰：君子和而不同。）

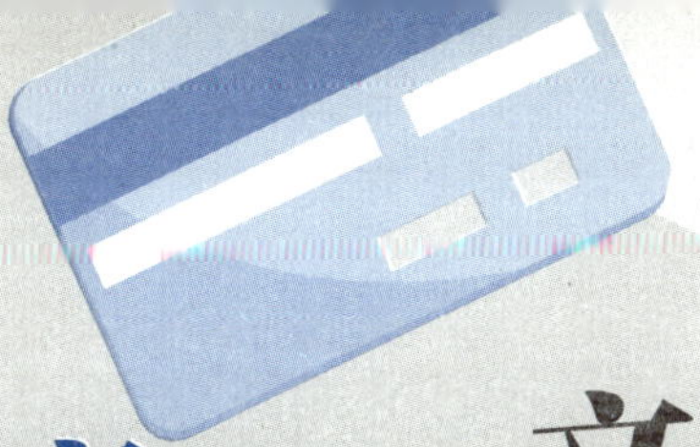

第三章 文化

第一节 文化差异

背景

李婷是Apple Middle School的中文教师，刚到美国一个月，因为住家[1]离学校比较远，所以买了一辆二手车作上下班通勤之用。

情景再现

• 情景一

这天李婷放学后留在学校备课，到傍晚六点多她备完课后去停车场准备开车回住家时发现汽车不能启动了，因为李婷的住家这几天全家外出度假，不在家，所以李婷直接打电话给她的mentor老师Alice Miller寻求帮助。

李婷

Hi, Alice. This is Ting. I am in the school parking lot. My car won't start. I need your help. Please come and help me.

（停顿几秒）Okay, I will be there in about ten minutes.

Alice

李婷

Thank you very much.

Alice到了学校停车场后，帮李婷联系了附近修车店的人过来检查，修车店的工作人员说需要把李婷的车拖到修车店进行检查和修理，拖车费用要两百美金。因为李婷刚买完车不到一周，身上钱不够，所以她决定问Alice借钱。

Sorry, Alice. I just used most of my money to buy this car last week, so I don't have enough money to pay the towing fee. Can you lend me some money to pay for the tow please?

李婷

Alice

（面露难色，停顿了几秒）I am sorry, Ting, I don't have the budget for this. Actually, you can pay the car-towing fee after they fix the car. By then you will have received your first paycheck. You could also ask the payroll office to issue your paycheck earlier if you need the money now.

Okay, thanks.

李婷

- **情景二**

高中开学第一天，李婷在中文二做介绍时，播放的宣传片中有女生在烈日下打伞的画面，白人学生Kaitlyn不解并举手提问。

Kaitlyn

Li *Laoshi*, why do Chinese girls carry umbrellas in the sun?

To protect their skin from the sun.

李婷

Kaitlyn

Why do they care so much about that?

Because they like their skin to be white.

李婷

李婷说出“white”之后才意识到学生可能会误解成白人的肤色，果然，她看到班上的非裔学生Amanda的情绪有些低落，因为担心自己的说明可能会越描越黑，所以李婷并没有去找Amanda解释。

第二天一早校长告诉李婷，昨天Amanda的妈妈得知课上发生的事情后，打电话给校长告李婷有种族歧视。李婷跟校长解释了事情的来龙去脉后，校长打电话向Amanda的妈妈解释，李婷也发邮件给Amanda的妈妈道歉和解释，避免了事态进一步恶化。

> 非洲裔的学生对种族歧视会比较敏感，教师在平时教学中应避免使用“white（指白种人）”、“black（指黑种人）”、以及中文词“那个（发音和nigger相近）”等容易引起种族歧视误会的词语，也不要用“巧克力”来形容非洲裔学生。

事后，李婷找同事了解到在美国谈及肤色时他们会用“pale”而不是“white”来指肤色白皙，用“tan”而不是“black”来指肤色黝黑。为了让学生了解中美的文化差异，李婷在课上给学生展示自己用的护肤品，护肤品瓶子上有“美白”两个汉字，对应的英文是“shining white”，而不是“pale”，并说明了亚洲人喜欢白皙的肤色。这次课后，学生不但解开了疑惑，对中文也更有兴趣了，好几个学生表示上大学后还要继续学习中文。

*感谢陈淑芬老师提供本案例

• 情景三

临近春节，学校准备开展庆祝中国新年的活动，这天下午李婷老师利用空闲时间让学生排练春节歌舞，其中有一个节目是中国新年歌曲《恭喜发财》，学生唱到歌词中“喝一杯酒来喝一杯酒”时，手上还做出喝酒的动作。李婷老师班上的中文**aide**[2] Julia Lake看见了，立刻提醒李婷，现在排练的春节歌舞中提到了喝酒，有违美国对于未成年人保护的法律规定，需要进行修改。

• 情景四

刘玲是Apple Elementary School的中文教师，刚来美国时，因为不会开车，所以刘玲学校的校长Lucy Brown发邮件给全校的教师请求教师们帮忙接送刘玲上下班，最初的两个多月，很多不同的教师每天接送刘玲上下班，在此期间刘玲从未向同事表示过感谢，也没提出要和接送她的同事分摊油费。后来，刘玲发现来接送她上下班的同事越来越少，甚至有两次差点因此迟到，她感到非常无助，决定去找校长寻求帮助。

刘玲

Mrs Brown, it's getting hard for me to find rides to school. I was almost late for school yesterday. Could you help me find rides?

Mrs. Brown

Ling, I am sorry to hear that. Most of our teachers have families and are very busy. I think this is probably why they can't give you rides every day. I can try to help you to find rides, but it is your responsibility to handle your transportation. I would recommend that you apply for a driver's license now. Being able to drive yourself will make your life much easier. In the meantime, it would be a good idea to give some gas money to the teachers who give you rides every week, and be sure to thank them for taking time out of their busy schedules to help you.

刘玲

Thank you so much for your help and suggestions. I have never driven a car before, and I am afraid I won't be able to drive well.

Mrs. Brown

It's easy to learn how to drive. If you need any help, please let me know.

刘玲

Okay, thanks.

之后，校长又找到一个愿意接送刘玲上下班的同事，这次刘玲开始和同事分摊油费并经常表示感谢。但刘玲因为觉得给了同事油费，所以同事接她上下班是应该的，自己没有必要去学开车和考驾照。

关键词

1. **住家：英语为“host family”或“home stay”，中文中也称为“寄宿家庭”，主要是指为留学生或者外国人提供住宿的当地家庭。**这种住宿方式有助于借宿者深度融入当地生活、了解当地文化，住住家的费用一般会比住公寓的费用便宜一些，有的甚至是免费的。
2. **Aide：助教教师，辅助授课教师进行教学的人员。**美国中小学一般会有全职或兼职的助教教师在教室里辅助授课教师准备教学材料、强化教学内容、看管学生、批改作业、帮助有特殊需要的学生等工作。在中文项目做得比较好的学校，中文教师也会有中文助教辅助教学。

分析

• 案例分析

1. 情景一中，傍晚六点多已经是Alice的私人时间，如果不是紧急情况（如发生车祸等），李婷需要联系Alice，最好先发短信或邮件询问她是否方便联系，等得到肯定回复后再打电话沟通。
2. 在美国购买二手车车险时，建议买一份道路救援保险（roadside assistance），遇到突发事件，即可直接打电话给保险公司，而不需要麻烦别人。

3. 在美国应尽量避免和美国人谈及借钱的话题，情景一中李婷直接向Alice开口借钱的做法不是很得体。相对妥当的做法是先和修车厂就修车和付款事宜进行沟通（一般修车厂可以在车修好后再付款）；也可以按照Alice所说的，向学区财务申请提前支取部分工资。
4. 种族问题在美国是敏感话题，种族歧视是一项非常严重的指控。教师应该尽量避免任何可能引起歧视误解的言行，如针对胖人、残疾人、黑人、女人、穆斯林等特定人群开玩笑等。

   教师们谈论教学时，应当避免谈及学生的种族，如“我的班级有很多黑人学生，课堂管理很有挑战性”“我有两个黑人学生在课堂上的表现很让人头疼”等，这些言论都可能被当成种族歧视。另外，教师们在设计活动时要加以注意，避免把非裔学生的运动、音乐、舞蹈等方面的特长和他们的种族联系起来，因为这也算是一种种族歧视。
5. 烟酒等敏感话题在教学及活动过程中应该尽量避免。情景三中李婷老师立刻接受助教教师建议的做法是妥当的。在平时工作时，如果有的事情不确定是否妥当，可以先询问学校同事，以免犯错。
6. 如果接受他人帮助，应心怀感恩，及时表示感谢。情景四中，刘玲接受学校同事的帮助非但没有心怀感恩，反而觉得自己付了一点油费，同事就应该接送她上下班的心态是不可取的，同事接送她上下班更多的是出于好心，而不是为了获取一点油费。
7. 还需要注意的是，自己的事情，应当尽力自己解决。

• 文化点

1. **请求帮助：** 美国人的工作时间和生活时间界限很明显，在美国，除非是好朋友，同事在非工作时间联系不多，所以除非是比较急的情况必须打电话，否则如果需要联系请先发邮件或短信。如果需要拜访他人，一定要事先预约好时间。
2. **说话方式：** 在美国，和他人沟通时应注意多用比较委婉和礼貌的表达方式，如情态动词（can, could, might, may, would）、虚拟语气（would rather, prefer）、疑问句、肯定用语、感谢用语等。
3. **借钱：** 直接向美国人借钱是很不礼貌的行为。在美国文化中，朋友甚至亲人之间都不会互相借钱，他们缺钱一般也是直接用信用卡向银行借钱。此外，绝大部分中文教师上班和出行都必须自己解决。因此初到美国时，新教师必须准备至少足够两个月生活的费用。国家汉办之所以预发一部分生活津贴，就是尽可能为志愿者海外生活提供便利，不因琐事影响正常工作。
4. **费用结算：** 美国人一般每个月会有相对固定的开支计划，如纳税、缴养老金和保险、支付房贷和车贷等的金额和时间。所以如果和房东约定了交租金的日子，一定要准时交租金，以便他们用租金去支付其他费用，而且迟交房租也会影响自己的信誉。

5. “Negro”是美国20世纪初使用的，当时是中性的，到了20世纪60年代末开始带有贬义，而现在绝对不能使用。这个词让人们回想起历史上黑人受歧视的年代，是对黑人的蔑称和挑衅。如果我们必须提及此词，可以称之为“the n-word”。有时候黑人学生自己会用这个词称呼他们自己或朋友，但其他人不能这么说。而且，中文中的“那个”音似“nigger”，使用时需谨慎。教师可以在黑板上写出“那个”，并写出拼音“nà ge”，并解释它有时候类似英文里的“um”或“like”。
6. **未成年人保护：**美国对于未成年人保护的法律比较严格，特别是涉及烟、酒、毒品和色情等的法律。
   - 饮酒：美国法律规定未满21周岁，不能饮酒也不能买酒。
   - 抽烟：美国法律规定未满18周岁，不能吸烟也不能买烟。
   - 毒品：购买、拥有、携带和使用毒品是违法行为。
   - 色情：美国有50个州的法律都严格禁止未成年人上网浏览色情网页、看色情书籍。

• 友情提示

在美国当教师，要尽量避免和学生有肢体接触，避免与学生单独处在封闭的空间，避免和学生在任何社交网络上成为朋友，避免用自己的私人号码联系学生。如果不得不在教室里和学生单独相处，一定要打开门窗，或者和学生到教室门外的楼道中，否则可能被控“性骚扰”，引起不必要的麻烦。

拓展练习

陈强老师是Apple Elementary School五年级的中文教师，开学初，六年级非中文班级的女学生Kaitlyn Brown送了他一幅自己画的中国龙，陈老师以为仅仅是因为Kaitlyn喜欢中文和中国文化，并没放在心上。后来，Kaitlyn又陆续送了几次自己做的与中国有关的小物品给陈老师，陈老师从Kaitlyn的老师Maria Reed那了解到Kaitlyn好像很喜欢他。自此，陈老师尽量避免和Kaitlyn的接触，甚至尽量避免出现在她的视线范围内。一天，陈老师收到了一封Kaitlyn的邮件，内容为：

“Hi, sweetheart. How are you? Wanna hang out sometime at recess? Love you, sweetie. Love you!”

如果是你是陈老师，你会怎么做？

【编者　卢景富】

英语小智囊

语言误区

✕ 避免使用的词：fat, stupid, retarded, poor

✓ 可以使用的词：African American, black, overweight, students with special needs, low income

> 小提示：在美国，人的肤色、长相、身材、性别、残疾、出身等都是敏感话题，当教师不得不谈及时，一定要使用非歧视性的说法。

实境范例

1. 当你不得不提及一些敏感性话题时，应该怎么说？

例句：

（1） I have an African American /black student in my class.（在任何场合都绝不能用“negro”一词）

（2） Tom is very big/large.（避免使用“fat”）

（3） Jack is a special-needs student.（避免使用“disabled”或“retarded”）

2. 如何阻止学生在课堂上谈论敏感话题？

例句：

（1） It is not appropriate to use that language.

（2） That language is offensive; please speak respectfully.

（3） To respect others is to respect ourselves.

情景范例：

写邮件给学校，陈述学生以教师歧视为由，为自己扰乱课堂的行为辩解的事件。

Dear Mr./Ms. ×××,

Yesterday, I asked J.W. to stop talking in class. He responded by saying I was picking on him because he is black. He said I was discriminating against him in front of the whole class and threatened to tell his mom. I would like to clarify a couple things about the incident: first, he was not the only student I corrected for talking in class. Second, I do my best avoid judging any student by his or her skin color. If you have the time, I would really appreciate your help talking with this student.

Regards,

Ting Li
Chinese Teacher
Apple Middle School
Room 403
Land Line: (555) 555-5555

第二节 文化传播

01 文化传播途径

背景

志愿者教师们担负着传播中国语言和文化的重要使命，传播中国文化不仅需要教师的勇气和努力，还需要智慧和恰当地运用时机。因此利用好各种资源，对中国文化的传播作用重大。

将中文教室作为中国文化的传播基地

中文教室，既是教师们进行语言教学的场所，也是传播中国文化的重要基地。为了让学生们喜欢走进中文教室，教师们需要对中文教室进行精心的布置。比如下面的中文教室，室内的“中国红元素”，室外的“熊猫林布置墙”，都有助于引起学生的兴趣，从而促进中国文化的传播。

有趣的中文教室

以传统节日为契机传播中国文化

中国很多传统节日不但有丰富多样的风俗习惯，还有许多古老的传说，如，中秋节、春节等，都是开展中国文化传播的好机会。

• 中秋节学生作品展示活动

中秋节是中国传统节日，自古便有中秋节赏月、吃月饼、饮桂花酒等习俗。在中秋节到来之际，王老师开展了一系列中秋节学生活动：

1. 利用上课时间为学生们讲解中秋节的来历，引起学生兴趣。
2. 组织二、三年级学生制作纸盘月亮，四、五年级学生制作中秋绘本。
3. 将学生作品展示到学校的展示区，并配上文字说明，让全校师生在欣赏学生作品的同时了解中秋节。

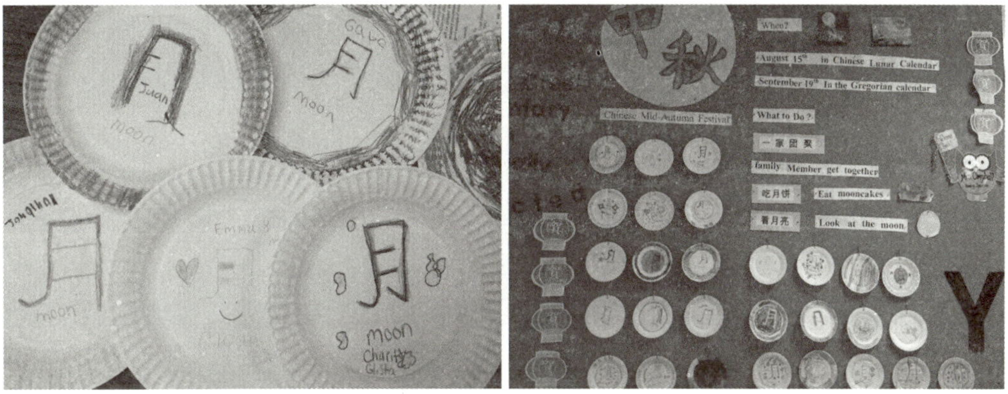

中秋节学生作品展示：二、三年级学生制作纸盘月亮

• 春节校园展演活动

春节是中国人最重要的传统节日之一。为了让美国师生更好地了解中国的春节，中文教师可以邀请全校师生及学生家长（邀请函详见附录1），开展了全校范围内的春节展演活动。这项活动属于大型展演活动，需要提前做好充足的准备：

1. 提前与校长商议活动方案，获得校方的支持。
2. 将学生课堂所学改编成适合登台表演的节目，争取让中文班的学生全部参与。
3. 选两位或者四位学生担任主持人，教师撰写串词，让主持人练习。
4. 向学校报备活动需要的场地、麦克风、音响等准备工作。
5. 将活动的具体时间、地点、时长等信息通过邮件发送给全校教师。
6. 提前整理节目单（详见附录2）、表演道具等活动所需素材。

• 中餐品尝活动

饮食文化是中国文化的重要组成部分。因此，在春节期间王老师还开展了全校师生品尝中餐的活动，让全校师生通过饮食文化进一步了解和欣赏中国文化。此次活动中，王老师除了提供了饺子、炒饭、炒面等传统食物供大家品尝外，还通过提供富有中国特色的餐具（如，筷子、十二生肖垫纸等），传播中国的饮食文化。

中餐品尝活动

分析

• 文化传播无处不在

在美国工作时，教师有很多机会展示自己的教学成果，同时传播各国文化，比如王丽所在学校的西班牙语教师在学校食堂里的展板上展示西班牙风情，艺术课教师在学校办公楼的走廊里张贴学生的作品。受此启发，王丽也在食堂里申请到了两块很大的地方用于展示中国的照片、美食和学生的中文课作品。春节期间，她还用学生做的手工作品装饰了食堂和办公室。文化传播与展示也是一种非常重要的沟通方式，利用好这个窗口，不仅可以使大家都了解到自己的工作和学生的学习成果，也可以很好地推广中国文化。

学生作品：有关春节的手工

- **以美国学校的活动日为契机，传播中国文化**

在美国，很多学校每年都会有自己的特色活动，中文教师可以借着这个机会，传播中国文化。如，在校园开放日展示学生在中文课上的作品，让家长们直观地感受中国文化的魅力；在动画角色扮演活动时，设计中国动画人物的服装等。

- **利用班级新闻通讯、学校网站等传播中国文化**

为了在社区内更好地传播中国语言和文化，王老师还专门为家长们制作了班级新闻通讯（范例详见附录3）。班级新闻通讯主要展示学生们在中文课上所学的词语、句子及制作的中国文化作品。这种形式有利于中文课堂上表现优异的学生和家长获得成就感，同时，也起到了传播中国的语言和文化的重要作用。除此之外，中文教师也可以利用好学校网站、新闻媒体等渠道传播中国文化。

- **以社区活动为契机传播中国文化**

美国是一个多文化融合的国家。因此，很多学区每年都有一天International Day，教师可以在这一天展示各国文化及各语种的教学成果。中文教师也应借此机会好好准备，可单独设置一块展示区，用几块展板展示学生中文课上的作品；或组织几位学生在展示台前展示中文课上学过的中国武术、舞蹈或者歌曲等，利用各种生动有趣的形式，让社区居民感受到中国文化的独特魅力。

如果学区没有International Day，中文教师也可以单独设立一个类似Chinese Culture Festival的节日，展示中国文化。

拓展练习

1. 你会在校园开放日上通过哪些形式的活动传播中国文化？
2. 你会布置什么样的中文家庭作业让家长们更好地了解中国文化？

附录

• 附录1：春节活动家长邀请函

Chinese New Year Celebration Invitation

Dear Parents,

January 28th, 2017 was Chinese New Year (referred to as the "Spring Festival" in Chinese). Chinese New Year is the most important holiday of the year for Chinese people. The celebration begins on the last day of the lunar year (this day is known as "*Chu Xi*") and lasts for 15 days. On *Chu Xi*, families all gather together to celebrate. Following this family reunion, Chinese people typically visit friends and relatives, watch traditional Chinese shows, launch fireworks, and plan for the coming year. Chinese New Year is an ancient holiday, so it is based on the lunar calendar, not the modern Gregorian calendar we use today. As a result, very few people know from year to year the exact day this holiday will land on without looking at a lunar calendar. Chinese lunar years are grouped in sets of twelve, and each year is represented by an animal (zodiac sign). Year 2017 is the year of the rooster.

As you know, Apple Elementary School offers Chinese language and culture classes from first grade through fifth grade. The students in these classes would like to share their learning with friends and family by putting on a Chinese New Year performance. **We will also offer Chinese food at the performance to all ACE students!** (We unfortunately have to limit the meal to ACE students because our funds are limited.) All of the food will be prepared by a Chinese restaurant owned by one of our own ACE families. Thank you for sharing this learning opportunity with us!

Thanks!

Mrs. Wang, Confucius Classroom
Lucy Brown, Principal
Apple Elementary School

Chinese New Year Celebration

Date: January 28th,2017
Location: PE room
Performance Times:
Kinder and 1st grade at 8:45 a.m.
2nd and 3rd grade at 9:45 a.m.
4th and 5th grade at 10:45 a.m.

Chinese Meal (in the Chinese classroom)

Kinder at 11:00 a.m.
1st grade at 11:45 a.m.
2nd grade at 12:30 p.m.
3rd grade at 1:15 p.m.
4th grade at 1:45 p.m.
5th grade at 2:15 p.m.

- **附录2：文化展演节目单**

Program

(Welcome music) Students and parents enter and take their seats.

Four MCs open the performance

1. Welcome statement from our principal — fifth graders
2. Dragon dance and lion dance — third graders
3. “Hello” song — fourth graders
4. “Two Tigers” song — Mrs. Miller’s class
5. *Kongfu* numbers — second graders
6. Role play: I Am the Best — fifth graders
7. Chinese *Kongfu* — fifth graders
8. Chinese New Year research presentation — Mrs. White’s class
9. Red envelopes containing Chinese money given to all of the students.

(Closing music) All students return to their classrooms.

- **附录3：班级新闻通讯范例**

Chinese Class September News Letter

Teacher: Xu Yanjie

Chinese Holidays and Festivals

Chinese Teacher’s Day is celebrated on September 10th. On this holiday, we recognize teachers for all they do to educate our children. Students and parents honor their teachers and express appreciation by thanking them and giving them small gifts.

Chinese Mid-Autumn Festival is a traditional Chinese festival that is celebrated on the 15th day of the 8th month in the Chinese lunar calendar. This year, the Mid-Autumn Festival lands on September 19th. On this day, family members gather together, eat mooncakes, appreciate the beauty of the moon, and think about the people they love.

Chinese Words and Sentences We Have Learned!

Chinese Words you need to remember

1. 你 nǐ（you）
2. 我 wǒ（I）
3. 好 hǎo（good）
4. 很 hěn（very）
5. 不 bù（no）
6. 是 shì（am）
7. 快乐 kuàilè（happy）
8. 再见 zài jiàn（bye）
9. 中国 Zhōngguó（China）
10. 熊猫 xióngmāo（panda）
11. 老师 lǎoshī（teacher）
12. 梅花 méihuā（plum flower）

Chinese Sentences you need to remember

1. 你好！Nǐ hǎo!（Hello!）
2. 再见！Zài jiàn!（Bye!）
3. 我是……Wǒ shì......（I am...）
4. 你好吗？Nǐ hǎo ma?（How are you?）
5. 我很好。Wǒ hěn hǎo.（I am fine.）
6. 一般。Yì bān.（So so.）
7. 不好。Bù hǎo.（I feel bad.）
8. 中秋节快乐！Zhōngqiūjié kuàilè!（Happy Mid-Autumn Day!）
9. 教师节快乐！Jiàoshījié kuàilè!（Happy Teacher's Day!）

Chinese Painting!

Our September art show featured is Chinese Plum Flower painting. The students did a great job with their art projects. Some of them wanted to take their paintings home, and some chose to give them to me to share others.

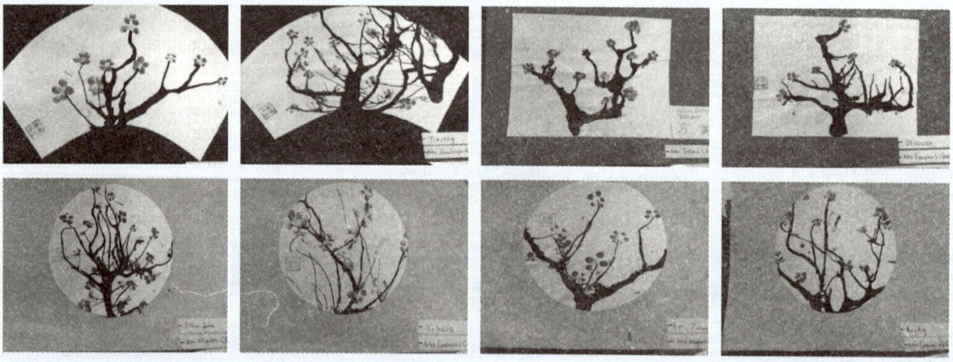

Moons for Mid-Autumn Day!

Visit My School Web Site to Learn More about Chinese Class

On our school web site, click School Staff, and then click my name, Xu Yanjie. All of our class PowerPoints are posted under Presentations.

This newsletter has given you a taste of what your child is learning in Chinese class. You can also use it to help your child review what we have learned. I really love the students' artwork, and I am proud of them for learning Chinese so quickly. I look forward to continuing to work with your children, and I hope you have a wonderful week!

【编者　徐艳杰】

02 春节文化展演活动

背景

王老师是美国某州Apple Public School中文沉浸式项目的教师，该校2009年开始设立中文沉浸式项目，是全州最早开始中文沉浸式项目的五所学校之一。学校在一到五年级分别设置了两个中文沉浸式班级。2015年，苹果大学孔子学院又在学校设立了孔子课堂。一直以来，学校始终致力于扩大中国文化的影响力。

沉浸式教学课程紧、任务重，王老师把春节要表演的节目自然地融入到日常教学中，并将不同形式作为独立的文化点进行教学，每周安排1—2次、每次15—20分钟，这样既让学生在保证学习状态的同时学习了中国文化，又减轻了教师活动前准备春节节目带来的教学压力，同时保证了节目的效果。

2017年1月27日是中国农历的除夕，早上10点全校师生在体育馆集合，观看各年级中文沉浸式班级表演的中国春节文化展演，活动由校长主持。30日早上10点以及下午2点，学校所有沉浸式项目的学生又单独给他们的家长及亲朋好友呈现了两场中国春节文化展演。三场展演都赢得了热烈的掌声和满堂的喝彩，中文沉浸式项目的学生也很享受每次在舞台上展示中国文化的体验。全校师生都沉浸在浓浓的中国春节文化氛围中。

中国春节文化展演活动设计

春节是中华民族最重要的传统节日之一。近年来春节文化在国外的热度越来越高，举办中国春节文化活动也逐渐成为传播中国文化的重要方式。

• 时间安排

1. 春节活动通常会在除夕或是农历正月初一举办，也可以选在元宵节，具体需要配合学校的上课时间来定。
2. 结合全校师生和社区家长的观看需求及场地大小，确定活动场次。如果场地够大可以考虑只办一场，如果场地不够大，则可能需要连办多场（每场的内容可以一样）。考虑好这些因素后，即可提前确定活动日期，写在**校历**[①]里了。

---

① 校历是确定活动具体日期的重要参考，在美国，校长会把很多在开学初就已经确定好了日期的事情写在校历里面，方便全校的师生查看并提前做好准备。

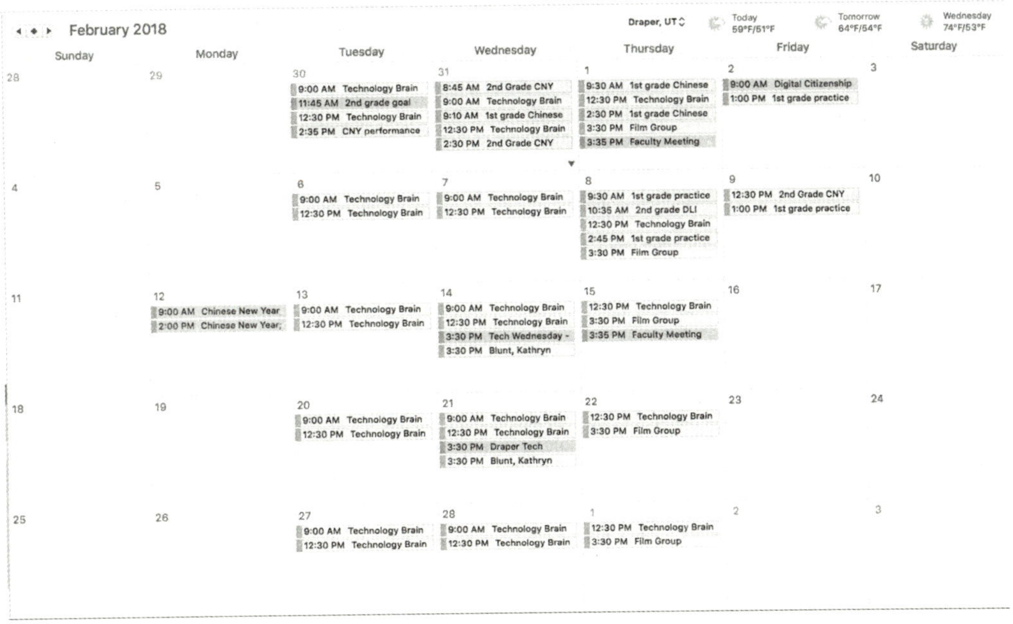

某校校历截图

- **场地确定**

全校性的中国春节活动对场地的要求比较高，不仅需要较大场地，还要考虑到表演舞龙舞狮、中国功夫等活动对场地的特殊要求，学校的体育馆是比较好的选择。如果小学的体育馆不够大，可以向学校申请到附近初高中的体育馆举办。

※ 借用其他学校场地需要考虑场地租用的费用问题。

- **活动申请**

全校性的活动涉及时间、场地、经费、人员安排。如果你或你所在学校的中文团队想举办全校性的中国春节文化活动，首先要向学校提交申请，写明活动时间、经费预算、场地要求、活动内容等，并说明举办春节活动可能给学生、学校乃至社区带来的积极影响。审批通过后，方可跟学校确定具体的日期及场地。

- **申请经费**

春节文化活动可能涉及的经费主要包括：装饰品、活动小礼品（红包、糖果等）、活动服装、活动道具（龙、狮等）、场地租金等。经费通常可以来源于学校、PTA、当地孔子学院、孔子课堂、筹款等渠道，道具可以请家长配合制作、准备。

※ 经费越早准备越好。

• **人员安排**

全校性的春节活动涉及人数众多。首先要确定表演人员，可以组织所有中文项目的学生参与活动。其次，家长志愿者可以在人力方面提供很大的帮助，可以邀请他们一起筹划活动、布置场地，筹划时间可以定在课前或课后；也可以请他们在活动当天帮忙发放活动小礼品、节目单等。

• **节目准备**

适合在国外春节文化活动上表演的活动主要有：舞龙、舞狮、中国功夫（功夫扇、功夫操、五步拳、功夫套路表演）、数来宝、诗朗诵、中国歌曲、手语歌曲、春节文化T台秀（服装展示、春节物品展示）、扇子舞、彩带舞、民族舞蹈、小品、相声、情景剧（十二生肖的故事、“年”的故事）、中国乐器演奏等。选择好节目后，即可进行节目的相关教学。

▶歌曲教学

建议每次教2—4句，教学可按照认读歌词、理解歌词大意、教师示范、领唱、分小组演唱、单独表演的顺序进行。在做歌曲教学设计时，可以加入动作设计，这样一来，学生可以边唱边做动作，全面动起来；另一方面，也可以让学生通过手势来更好地理解歌曲，并能达到加强舞台表演效果的目的。

▶功夫表演教学

建议每次教4个动作，可按照I do—We do—You all do—You do的教学顺序进行。王老师选择的十二生肖功夫操，不仅能帮助学生学习功夫动作，而且还要求学生读四字成语来配合功夫表演，有利于学生的成语积累，观赏起来也非常有气势。

▶诗歌朗诵

建议每次课教2句，并设计一些动作来配合朗诵，让学生能通过声音和动作传达情感。为了避开十月底到十二月这些节日集中的月份，避免影响节目教学的进度，最好从九月就在教学中融入节目表演相关的文化内容。

文化教学完成后，即可将三种活动合成一个节目进行准备。在时间和场地允许的情况下，可以带学生到实际场地走位、做定点彩排。还需要注意上场、下场、舞台道具摆放等会影响到节目流畅程度的细节。

※ 进行彩排时，尽量不要占用教学时间，在每次彩排中最好能解决前次彩排中发现的问题。但是，彩排并不是越多越好，彩排过多会降低学生对节目的新鲜感，对表演产生审美疲劳。

• 演出准备

节目基本成型后，就要开始统筹演出的安排，敲定节目顺序、节目单、活动通知、学生候场准备、集体联排、场地音响设备、应急预案等细节。

▶节目顺序

节目顺序的安排应注意动静结合。通常会用舞龙舞狮开场，以全场大合唱结束。结束曲可以选用《恭喜恭喜》这样适合大合唱的歌曲。

▶节目单

节目单建议设计成中英双语版，既方便家长查看，又不失中国特色。

▶活动通知

活动的通知应当包括演出集合时间、地点等信息。对家长的通知，要尽量提早，以便他们提前做好时间安排。活动通知可以通过学校宣传栏、学校网站、学校社交窗口、教师给家长发的每周邮件通知等方式发送。需要特别注意的是，如果需要家长帮学生准备演出服也需要单独提醒，并在临近表演的时候以及表演的前一天再发通知提醒。

Dear Parents and Guardians,

Chinese New Year, also known as the Spring Festival, is one of the most important festivals in China. It is celebrated at the turn of the Chinese traditional lunar calendar, and this year it falls on January 28, 2017.

We will have three Chinese New Year performances this year.

1. The first performance will be the Chinese New Year school assembly this Friday. This performance is just for students. It will be held in the gym from 10:00 a.m. to 11:00 a.m.

2. The second and the third performances are for parents and will be held on January 30. All grades in DLI will participate in both performances. Thank you for supporting our students by attending just one of the two performances.

Morning Performance	10:00 a.m. in the gym
Afternoon Performance	2:00 p.m. in the gym

If possible, please help your child wear the suggested **white T-shirt and black sweat pants** on both January 27 (Friday) and January 30 (Monday).

During the program, your children will be performing *Kongfu* fans and singing Chinese songs. This will be such a great opportunity for you to see how well your kids are doing with Chinese!

We look forward to seeing you at a January 30 performance!

Sincerely,

Ma *Laoshi*, Miss Jones

发给学生家长的春节文化活动的通知

▶**节目联排**

节目的联排指的是整个演出的大彩排，如果有可能的话，建议进行一到两次，以保证整体演出更顺畅。时间选择上要考虑到学生的时间，全局考虑。

▶**候场**

安排学生候场区站位时要考虑每个年级的演出顺序，以及大家的上、下场路线，让节目间的串联尽可能顺畅。

▶**场地的音响设备**

需确认声音的输入、输出、音响效果、麦克风的种类和数量等。

▶**应急预案**

演出准备过程中，提前准备好演出出现问题时采用的解决方案非常重要。整个团队一起商量准备应急预案，会更周全。

▶**演出当天**

做好检查工作：再次检查场地、走位的记号、装饰情况、音响设备、道具等。这些都是演出顺利进行的重要保证。

通过拍照、录像等方式记录、收集演出资料。活动后可与师生、家长（特别是未到场的家长）分享活动情况，也可以用于宣传报道。

• 友情提示

1. 教学是教师的主要任务，不要因为准备节目而占用太多教学时间。
2. 教授学生中国文化的过程中，特别是教授功夫、舞蹈动作时，教师应尽量以亲身示范的方式来纠正动作，避免与学生发生肢体接触。
3. 表演的照片和视频涉及学生隐私，需要提前确定学生的家长是否签订过**photo release**[②]，排队形的时候，尽量把没有签订photo release的学生安排在后排的边上，以确保他（她）不被拍照或录像。

拓展练习

1. 你如何在从未举办过春节活动的学校，组织中文项目中五个年级的学生举办春节活动?
2. 作为全校唯一的一名中文教师，你是否要参加学校每周一晚上的International Day?

---

② 拍照许可。由家长签署的同意学校及教师在公开场合使用学生照片的一项文件协定，详见附录。

附录：拍照许可

The Chinese Spring Festival Performance Photo Release

January 13, 2017

Dear Parents and Guardians,

Thank you so much for supporting the Chinese Spring Festival performance.

During the performance, a variety of people will be taking pictures and videos. Photographs and videos that include members of your family may be used in one or more of the following ways:

- Included in a presentation about this project to be shown at education workshops, classes, and/or conferences.
- Included in a sample project on a DVD created by Apple Public School for use in workshops and student classrooms.
- Posted on the school or APS website.
- Submitted as samples to newspaper publishers or as contest entries to sponsors.
- Included in a school-related segment to be aired by a local television station.
- Used in a print publication such as a newspaper or magazine.
- Aired on TV as an education-related news story.

While your family members' first names may accompany the photographs and/or videos, no last names or addresses will be used when publishing on the Internet, in newspapers or on TV.

Sincerely,

Ms. Wang Qi

Apple Public School

PLEASE HAVE ALL FAMILY MEMBERS SIGN AND RETURN THE FORM BELOW

- -

I **DO** give permission for my image/photograph/video/first name to be used as described above.

(If there is not enough room for all of your family members to sign below, please have additional members sign the back of the form.)

Adult: ____

(Print Name) *(Signature)*

Child: ____

(Print Name) *(Signature)*

【编者　游寅耀】

03 文化演讲

背景一

杨老师所在社区的居民对中国的了解非常少，她也是学区的第一任中文教师。为了增进社区居民对中国的了解，社区邀请杨老师在某商业会堂做一个关于中国的演讲。这个演讲后来上了当地新闻的头版头条。

情景再现一：关于中国的演讲

Why Chinese?

Good afternoon! My name is Vicky Yang. I am honored to be standing here. First of all, please allow me to thank some special people and groups. First, I would like to thank Dr. Little and the Mt Airy City **School Board**[1] of Education. Thank you for having the vision to offer Chinese at the high school. I am sure many students will benefit from your insight. Next, I want to thank Dr. George for making me feel so at home here. Thank you for giving me such a wonderful classroom, for offering meticulous support at the high school, and for all of your help in general. I would also like to thank Mr. Bryan Taylor for your patience, for the driving lessons you gave me, and for taking me to Alkin to take the road test. Oh, and thank you for the car! And Dr. Morrison, thank you for coordinating this whole experience for me, for making me feel so happy here in Mt Airy, and for making sure everything ran smoothly my first month here. Finally, I would like to thank the whole community for making me feel so welcome.

Now, I would like to introduce myself. I come from the southern part of China, a city named Mangshi in Yunnan Province. The weather there is tropical, so we produce many kinds of tropical fruit. We love food that is spicy and sour. The biggest difference between Mangshi and Mt Airy is that in my hometown it never snows, so I'm really looking forward to my first winter here. I can't wait to experience snow!

Even though I come from a small city, I have known since childhood that the US is a global superpower, and I always hoped that one day I could come here.

After finishing high school in Mangshi, I went to Kunming, the capital and largest city in Yunnan Province, to attend college. My major was Teaching Chinese as a Second Language. There, I met a lot of American university students, and some of them were from Duke University. They went to Kunming to study Chinese because they hoped Chinese would open doors for them. In fact, some of these students ended up with really good jobs in big companies because of their excellent Chinese skills.

After graduating from college, I went to Thailand to teach Chinese in a public high school for three years. The most commonly taught foreign language in Thailand is English, and the second most commonly taught one is Chinese. Chinese and English are now both built into the Thai national education system. I asked some Thai teachers and parents that what they thought about kids learning Chinese at school. All of them said that they were very happy that children have this opportunity. As a neighboring country in Asia, Thailand has witnessed the growth of China's economic influence. Many companies in Thailand are looking for people who can speak Chinese so they can do business with China, and there are a lot of jobs that require Chinese. It's such a good thing for kids to learn Chinese because in the future they will be able to use their language skills to communicate with their Chinese trading partners. More importantly, the language will allow them to understand the way Chinese people think, which in turn will help them make good business decisions.

My former students in Thailand have thanked me for showing them a real, modern, and yet beautiful China. Some have said the Chinese classes they took at high school changed their lives. In fact, just yesterday I received an e-mail from one of my former students in Thailand. He's a university student now. He said, "Miss Yang, I miss you so much. Thank you very much for everything you taught us. I still remember nearly 100% of it. I am working in a part-time job now and planning to go to China in three years." I am so happy for him and I am sure he will find a good place to live and work in China.

After teaching for three years in Thailand, I applied to teach in the US as part of the Guest Teacher Program jointly run by the College Board in the US and Hanban in China. I was selected by the Guest Teaching Program and then assigned to Mount Airy High School.

There are some good reasons for the students of North Carolina to learn Chinese. First, China currently has the second largest economy in the world and has a growth rate averaging 10% a year. Second, China is a huge export market for the US and has become one of the United States' largest trading partners. Millions of companies sell products in China. Products not only flow from China to the US, but also the other way around. Third, China is North Carolina's second largest export market after Mexico. Ten percent of North Carolina's agricultural exports go to China. In fact, North Carolina's export to China increased 431% from 2002 to 2008. Lenovo, China's biggest PC company, is now the biggest PC supplier in the world, and its US headquarters are in Raleigh. In addition, one fifth of the world's population lives in China, and overseas Chinese dominate the economies of many countries in Asia, such as Indonesia, Philippines, Thailand, Singapore, and Malaysia. Speaking Mandarin gives students an edge in doing business with these countries as well.

In addition to advantages related to business and economy, learning Chinese also allows students to learn about Chinese culture, which goes back more than 5,000 years. Finally, learning Chinese has great cognitive benefits because it is a language that uses both halves of the brain. For all the reasons above, it is critical for the students of North Carolina to have opportunities to learn Chinese.

Chinese is considered by many people to be one of the most difficult languages to learn. The primary reason for this is that Chinese is a tonal language and we use characters instead of an alphabet. Chinese characters have their own inner logic, however, and once you understand this logic they become much easier to learn. With regard to the four tones, practice makes perfect. I have been here for a month, and I have been teaching my students at high school for a week. During the first week, students learned several basic phrases. They learned how to greet people, how to introduce themselves in Chinese, how to say hi and goodbye, and how to ask permission to go to the restroom or the health room. I gave them an oral test and all of them passed. Next, they learned to count from 1 to 99 and to write the Chinese characters for the numbers 1 to 99, too. I gave them a writing test, and most of the students did quite well. Then I gave them a reading quiz on the phases they had already learned how to say, and they all passed. At this point, they can read about 50 Chinese characters. I have been so amazed by the results! They have done an excellent job. Last but not least, they can now use chopsticks to pick up bean. This activity was really fun. I am sure my students will have a great year learning Chinese, and it will benefit them a lot in the future.

In closing, I would like to thank all of you once again for inviting me here to speak to you today and for making me feel so comfortable here in Mt Airy. Thank you! *Xiexie*!

背景二

杨老师所在的Mount Airy High School每年都会由学生投票选出最受欢迎的教师，在毕业典礼中做毕业演讲。杨老师在执教的第一年被选为最受欢迎的教师，并发表了演讲。

情景再现二：毕业演讲

Dream Big

Good evening, ladies and gentleman, teachers and parents, my dear students!

I am Vicky Yang, the Chinese teacher at Mount Airy High School. This is my first year here, and I am very honored to be standing before today. First, congratulations to the class of 2015, you've completed your four years of high school. This is a big day for you, and, I am proud of you. I graduated from high school not long, so I know how you feel. Enjoy!

One year ago, when I was finishing my three-year teaching post in Thailand, I was standing at a crossroads in my life. My parents wanted me to go back to settle down in my hometown, but I just couldn't picture myself living that quiet lifestyle for the rest of my life. I still wanted to explore the world and have adventures, even if it meant that in my parents' eyes I was less certain to lead a happy life. In the end, I made the decision to come to the US to see what the future would bring.

Before I came to the United States, my impression of the US all came from news reports and movies. I believed that the US was a global superpower, that many people know nothing about China, that everyone led rich and happy lives, and that high school life was fabulous and complicated (like what was portrayed in *Mean Girls* and *High School Musical*). Now, after my one-year stay in the US, I know which of my beliefs were true and which were false. And indeed, some beliefs that Americans have about China may not be true either.

I am pretty sure most people know two things about China. The first one is that a lot of things are "made in China". The second is that China has the Great Wall. But now, I am 100% sure that my students now know at least 50 things about China. They know the festivals of China, crafts, lucky numbers, food, Chinese characters, stories behind characters, and the list goes on. During my stay here, I gave speeches about China to groups and clubs in Mt Airy and held different cultural activities, such as the Mid-Autumn Festival celebration and the Chinese New Year celebration. I am very happy that people have gained a better understanding of China and Chinese culture, and I will continue to share Chinese language and culture during my next year here.

With regard to the third statement about everyone leading a rich and happy life, that's not quite true. I have travelled all over Thailand, half of China, and two thirds of the US. As far as I can see, everyone has own joys, sorrows, struggles, satisfactions and tears, and everyone is working to become a better person and to lead a better life. This reminds me of the saying "Respect others and do not judge."

The fourth belief about high school life is true. High school life in the US is fabulous and complicated, and it's quite different from high school life in China. On one hand, you have much more time to participate in extra curricular activities than Chinese students do. You can develop your talents in sports, music, drama, photography, creative writing, and more. On the other hand, if Chinese high school students knew that American students may pay as much as $20,000 a year for college tuition here in the US, while they only have to pay about $1,000 a year for college in China, they might feel better about the fact that their work load is heavier than it is for American students.

My life in the US has been very rewarding. I come from a tropical area in China, which means it never snows there and the trees are green year round. So I was so excited to experience snow and my first snowman here, and to see the leaves turn yellow and fall from the trees. These scenes are so beautiful.

Living here in Mt Airy feels like living in a big family. Everyone takes good care of me. People want to make sure I am happy, and they are willing to give me a hand whenever or wherever I need it. The generosity of this community has made me feel so welcome and accepted.

I would love to go back to a year in time, and tell that 25-year old teacher standing at a crossroads that her decision to come to the US was the right one. I've experienced a lot, I have met great colleagues and I have the best students.

In closing I would like to encourage you to not be afraid to dream big. Sometimes we think too much about what we'll lose and knowing too little about what we'll get. See, I got much more than I expected. You can't imagine how many "I love you" I have received from my students. I wish you'll not be afraid to share your lights with others. You can't imagine what a positive influence you'll have on others.

In closing, I hope all of you will have a great time taking the adventure of your life.

关键词

1. **School Board：学区董事会。**

美国实施的是地方分权的教育管理体制。联邦政府只做整体控制，如通过国会立法制定教育政策，根据法律制定和实施特别教育项目，协调各州教育政策，收集相关统计数字；州一级的政府制定本州教育预算、教育标准及专业人员的从业标准，如教师证书和教育行政人员证书（各州的教师资格证是不通用的）；地方一级的教育机构（即学区），制定当地的预算，并根据全州教育标准设计当地课程或指导当地学校设计课程，最后由董事会批准执行。所以，一个学校是否开设中文课，是由每个学区的董事会最终决定的。

分析

• 案例分析

1. 关于中国的演讲，题目比较大，教师拿到题目可能无从下手。以杨老师的经验，可以以自己的经历，或者自己对于中美两国差异的观察、思考、感悟等作为切入点，再找出自己的家乡与美国所在州的一些联系或者合作等，增强听众的参与感。这样的演讲与电视上关于中国的新闻相比，真实且充满细节，效果会更积极。
2. 教师接到情景二中毕业演讲的邀请后，可以先向以前做毕业演讲的教师借阅其演讲稿，或者通过网络搜索等方式，确定演讲风格，再确定主题，写演讲稿。一般来说，毕业演讲的时长是5—10分钟，主要内容是祝贺学生毕业，鼓励他们在人生路上继续努力奋斗，嘱咐他们珍惜青春等。此外，语言表达上应力求情真意切。

- **文化点**

在美国做中文教师常会因为不同原因受邀请去做演讲，美国的演讲与国内的演讲在形式上有较大区别，更像是分享型的文化讲座，让美国人从其他视角来了解更为真实、多元的中国。

- **友情提示**

演讲中应避免提及政治、种族、吃狗肉等敏感话题。希望教师们也尽量不要主动提这个话题，并提前准备好应答策略以防不得已被提问到，要避免引起分歧，影响演讲效果。

拓展练习

刚到学区，你受某组织邀请做一个关于中国的演讲，让大家进一步了解中国。你该如何准备？

【编者　杨莉】

04 中国文化走遍校园

背景

李老师在美国结识了很多朋友，但她也发现很多人都不知道自己所在的学校开设了中文课程。李老师通过不同的形式在校园内展示中国文化，利用有限的资源在学校营造中文语言与文化环境，让更多人了解学校的中文项目，对中文感兴趣，让中国文化走遍校园。

打造熊猫主题教室

中国憨态可掬的大熊猫在美国深入人心。李老师想打造一个熊猫主题教室，为学生营造一个极具中国特色的温馨学习环境。她利用有限的资源，尽量把熊猫元素应用到教室的各个角落，如学生名牌、迎新展板、课程表、小组标志等。李老师的班级也被学校教师称为“熊猫班”。其中最受学生喜爱的是熊猫教室门，门上的熊猫还会根据季节和不同的节日变换装扮。

熊猫班

设立中国文化、节日展台

中国悠久的历史，学校师生对中国文化的浓厚兴趣，都是学习中文、传播中国文化的契机和动力。

李老师到美国之前，特意准备了很多具有中国特色的物品。为了让更多的人欣赏到这些“宝贝”，李老师在校长Mrs. Miller的支持下，在学校前厅最显眼的位置设立了校园“中国文化展台”。李老师用中国锦缎对展台进行“软包装”后，在展台展示了风筝、扇子、古镜、瓷器、笔墨纸砚以及学生的泥人兵马俑等文化作品。这一抹中国的“色彩”吸引了全校师生的关注。

中国文化展台

在新年到来之际，李老师利用教室旁边的两面墙打造了一个大展台，帮助学生更好地感受中国新年的气氛。展台融合了古窗、飘雪寒梅、百福墙、新年许愿树等多种元素，以展现中国的文化与建筑之美。展台还展示了学生的文化作品，路过的人都赞不绝口。

“认养”大熊猫

中文课学到“动物园”这一章节时，李老师想到可以借此机会让学生了解并关爱濒危动物。于是，李老师决定以熊猫为例进行本章的教学。当学生们得知世界仅存1,000多只大熊猫的时候，他们深刻意识到中国赠给美国的熊猫的弥足珍贵，这也有助于加深中美友谊。通过查阅资料，李老师了解到世界自然基金会可以“认养”大熊猫。“认养”熊猫的金额从25美元到250美元不等。

世界自然基金会：World Wildlife Fund，简称“WWF”，是全球最大的独立性非政府环境保护组织之一，多年来致力于野生动物保护。它是第一个受中国政府邀请来华开展保护工作的国际非政府组织，其在中国的工作始于1980年的大熊猫及其栖息地的保护。

“认养”是指通过捐款的形式照顾、喂养大熊猫，获得爱心证书。

WWF官网熊猫“认养”活动

认养熊猫活动不仅可以将学生所学知识与实际联系起来，更可以对知识进行深入的拓展，调动学生参与活动的积极性，提高学生保护动物、保护环境的意识。确认该组织的权威性后，李老师决定以学校的名义“认养”一只，于是，李老师向学校提出申请——在每周五早上设立“熊猫商店”，通过义卖自己从中国带来的小礼物来筹备“认养”资金。李老师先后共进行了三次义卖。每次义卖前，李老师会请学校广播在周四放学前提醒学生第二天早上有熊猫商店。在全校师生的共同努力下，共筹到近400美元的“认养”款，还有两个学生以自己的名义单独“认养”了熊猫。

为了鼓励学生的全程参与，使学生更有参与感与成就感，李老师还做了其他准备：

1. 让学生动手制作拯救大熊猫的海报；
2. 每次邀请几个学生当义卖售货员；
3. 允许学生在学校或向邻居义卖自己的闲置物品；
4. 由学生讲解，邀请家长参加学生作品拍卖，甚至鼓励全校师生参与拍卖。

熊猫商店

• 友情提示

1. 装饰教室门窗时需要了解学校或学区关于教室门窗的相关规定。出于消防和安全的考虑，有的教室门上有窗户，不可遮挡。
2. 义卖的钱需要统一交给学校秘书管理。

【编者　李晶】

选自《Cool Panda少儿汉语教学资源1 · 中国文化》

选自《中国欢迎你》

05 中国文化走向社区

背景

利用社区活动的契机，向社区居民展示中国文化的魅力，可以充分体现中国文化的包容性与融入能力，有利于社区居民了解中文项目，也有利于中国文化的传播。

张贴项目宣传页

为了让更多人了解中文与中文项目，吴老师设计了具有中国特色的精美宣传广告，打算张贴在城市人流量比较大的地方。她走访了当地的中餐馆、幼儿园（pre-school）、游客中心和市图书馆，并把当地的游客中心作为宣传的重要一站。整个城市都留下了吴老师的身影，同时也留下了“中国的足迹”。此外，吴老师还就在图书馆传播中国文化提出了一些设想：

市图书馆

1. 购买中国书籍，并增设中国书刊角；
2. 制定免费中国电影日；
3. 中国春节期间，以市图书馆为平台，通过张贴广告和发传单等形式邀请社会各界人士体验中国式新年，向社会宣传中国新年。

• 友情提示

吴老师从当地中餐馆、图书馆等地入手，通过张贴宣传海报、放置项目传单等形式，有利于帮助当地居民了解学区的中文项目，发掘潜在学生。图书馆是体现美国开明思想和包容精神的场所，中文教师可以利用其开展相应的中文传播活动。

Memorial Day[1]花车[2]游行

刚到美国不久，李老师就被美国的游行吸引。当地圣诞节游行中漂亮的花车、美妙的音乐和欢快轻松的气氛都让李老师看得既激动又兴奋。她得知当地华人较少，没有华人游行，就有了一个想法——组织一个中文项目的花车队伍，让当地居民领略中国文化的风采。当得知Memorial Day游行邀请了她任教的学校参加时，李老师特别兴奋，并向校长Mrs. Miller陈述了中文项目参加游行的诸多好处，校长也表示了大力支持。

• 活动准备

▶提出申请

按规定，参加游行需要游行管理部门审批。因为李老师所在的学校收到了邀请，所以申请环节比较简单。如果没有收到邀请，一般要提前几个月向相关部门提出网上申请。有些大型游行还需缴纳申请费用、保险费等，其中，非营利游行活动可通过提交书面申请来减免费用。

▶制定游行计划，准备表演方队节目

游行中会有来自不同组织、公司、团体的花车、乐队、团队、表演方阵依次走过。需要预留一段时间准备表演方队节目。舞龙舞狮、绸扇舞、绸带舞、传统武术表演、太极表演、服装秀都是不错的选择。

▶联系、装饰花车，设计横幅

参与游行的人都会尽力将花车布置得五彩缤纷，还会设计横幅，宣传自己队伍的理念，举横幅的人一般走在花车的后面、游行队伍的前面。本次活动李老师请家长帮忙联系花车、派发糖果，并根据学校及学区的理念设计了横幅标语。

游行现场

▶购买糖果

游行队伍往往都会给围观的孩童派发糖果，这也是小孩子们最喜欢的活动。中文教师可提前购买一些中国糖果、幸运饼干[3]，也可以准备气球、小纸伞等小礼物，还可以在礼物上附上宣传标语、口号等。

幸运饼干

※ 游行可以联合其他语种教师共同举行，也可以寻求家长的帮助。

PTA文化展演

学区PTA在学区、社区范围内通常会组织很多不同类型的活动，也会邀请中文教师带领学生展示中国文化。这是非常好的机会，既传播了中国文化，又能让学生走向学区、社区等更大的舞台去展示中国文化的魅力及学生自己的舞台魅力。如果时间允许的话，建议多带领学生去参加这样的活动。

▶PTA的文化展演的活动设计

2017年4月17日，王老师的中文班受邀参加学区PTA举办的“Around the World in 80 Minutes”文化活动。此次活动一共有十所学校参与表演，表演内容包括弦乐团演奏、西班牙舞蹈、中国舞狮、中国歌曲演唱、中国功夫扇、迷你音乐会、合唱等。在王老师的精心策划下，二年级学生表演了十二生肖功夫操、诗歌朗诵及手语歌曲结合的节目，赢得家长、主办方的一致好评。

学区PTA表演活动的准备可以参考P140的中国春节文化展演活动筹备。如果PTA活动安排在春节之前，教师可以把平时的文化教学的内容调整（重点准备队列、上下场）后搬上舞台。春节后的PTA活动则可以选择春节活动上表演的节目，以节省节目准备时间。

该节目是由本校PTA推荐的，属于校外表演，为了保证校外活动中学生的安全，教师在筹备时有以下方面需要特别注意：

▶人员安排

接受PTA的邀请后，就可以准备展演了。因为这些活动的时间通常是在晚上或是周六，需要家长单独带着学生前去参加，课外时间每个家庭或许有自己的安排，所以要统计有参与表演意向的学生人数：可以通过家长同意书（详见附录1）的形式完成；也可以用Google Form等在线调查方法（详见附录2）收集信息。表演当天如果有需要，可以提前向家长发出邀请，请家长志愿者帮忙准备。

▶提前熟悉场地

准备校外活动时，教师应提前熟悉表演场地，以便安排队形队列，如果有可能，可以根据队形队列的需要在场地上做上标记，方便学生快速找到位置。如果学生无法提前熟悉表演场地，也可以在活动当天请学生提前到场快速彩排。

- **友情提示**

在校外举行的活动关系到学生的安全责任归属问题，签署同意书的同时可以收集家长的许可证明，同时教师可以通过同意书告知家长活动的重要信息（活动简介、表演时间、地点、服装要求、集合地点等）。

教师要随时遵守教师规定，不要单独开车带学生去校外表演或送学生回家。

关键词

1. **Memorial Day：美国的联邦节日，主要为了纪念在武装斗争中为人民与国家献身的烈士。**这个节日在1868年—1970年定为每年5月30日，此后改为每年5月的最后一个星期一。
2. **花车：也叫“彩车”或“花船”，由汽车或卡车后面拉着拖车游行，根据不同的游行主题用彩绸、彩纸、花朵或彩灯将车辆进行装饰，历来是游行队伍中的亮点。**
3. **幸运饼干：fortune cookies，每个饼干中有一张写有lucky word的小纸条，很受美国人喜欢，价格也不贵。**很多大人也很喜欢，有时还会对派发糖果的人员说：“Can I have some good fortune too?”

附录

- **附录1：家长同意书**

ROUND THE WORLD IN 80 MINUTES

April 17, 2017 @ the Apple High School Gym

I have exciting news to share with you. Our regional PTA is sponsoring a district-wide cultural event, “Around the World in 80 Minutes”! I am going to lead students in performing the *Kongfu* and song that we performed during our school’s Chinese New Year celebrations. This will be a great opportunity for our students to share Chinese culture outside the classroom. Besides, it is a chance for us to come together to show our spirit!

We have been assigned the performance time of 6:40 p.m. If your child would like to participate, please have him/her wear black pants and a white shirt, and please plan to arrive by 6:20 p.m., as our exact performance time will be adjusted based on how long others perform. The event is being held at Apple High School. Please drive your child to the high school.

We would like to get a count of students attending. If you didn’t fill out the survey that we sent via e-mail and text message, please fill out this online form: https://goo.gl/forms/QEhqxLPxyXSs9US92 or sign and return this notice.

All the best,

Wei Ma ☺

I would like to sign up my child for the performance at Apple High School.

Student's name: ______________ Parent's e-mail address: ______________

- **附录2：在线家长同意书**

Around the World Performance

*Required

Are you planning on attending?*

○ Yes

○ No

○ Maybe

Child's name:*

Your answer

If you are planning on attending, please include your email address:

Your answer

SUBMIT

Never submit passwords through Google Forms.

【编者 李晶、游寅耀】

英语小智囊

语言误区

×排他性的表达：Chinese people are the most hard working people in the world.

实境范例

1. 适合海外中小学生的中国文化推广活动。

（1）Chinese traditional sports and games：Chinese hackysack, Chinese jump rope

（2）Chinese traditional crafts：Chinese knotting, paper-cuts

（3）Chinese cooking：Chinese tea ceremony, Chinese food

2. 适合海外大中小学生的中国文化推广主题。

（1）Chinese history

（2）Chinese music and operas

（3）Chinese calligraphy and painting

（4）Chinese mythology and philosophy

情景范例：感谢信

文化推广活动结束后，感谢为自己提供帮助的人或部门。

Dear all,

Greetings!

Many, many thanks to each of you for all you did to make the... a great success! Special thanks to... for providing the... for this event. I put the text of my speech and the photos of this event in the attachment; please feel free to share them with your family and friends.

Best regards!

Ting Li

Chinese Teacher

Apple Middle School

Room 403

Landline: (555) 555-5555

第三节 跨文化交流：中国学生团访问美国

背景

学校中文课开设六个月后，为了更好地激发美国小学生学习中文的兴趣、帮助其进一步了解中国文化，同时鼓励他们将中文学以致用，经过细致周全的策划，徐老师在美国校长的肯定和支持下，启动了中国学生团访问美国学校活动。

活动

• 活动准备

准备一：征求美国学区和学校的意见，确定合作学校

由于徐老师曾任教的国内的学校本身具备派遣学生访问团的条件，因此被定为活动合作的中方学校。为了让美国学区和学校更好地了解中方学校，徐老师将中方学校的具体信息做成表格（详见附录1）发给了学区领导和美国校长，经过一系列申请审批后，徐老师所在的Apple Elementary School（AES）成为活动合作的美方学校。

准备二：征求美国校长和教师们的意见，确定中国学生的美国住家

为了能让中国学生更好地体验美国文化，同时也为了让美国的师生更好地了解中国学生和中国文化，校长决定让中国学生借住在美国教师们的家里。校长指出，住家应该具备以下条件：

1. 愿意接纳中国学生借住；
2. 有一定的居住空间能够容纳1—2名学生；
3. 家里最好有和中国学生年龄相仿的孩子，以便彼此交流；
4. 对中国文化及中美文化差异有一定的了解。

在确定了住家人选后，徐老师还制作了住家联系表（详见附录2），以便各个住家之间进行沟通。

准备三：美国学校发送邀请函，中方学校办理签证等相关事宜

为了保证中方学校顺利办理签证，美方学校需要提前发送邀请函。

February 24th, 2017

Mr. Yang Long
Principal
[School address]
Ji'nan, Shandong Province
250014, P.R.C.

文化

Dear Mr. Yang,

It gives me great pleasure to welcome educators and selected 5th grade students from China to Apple Elementary School, North Carolina, United States from April 6 to April 10, 2017. We look forward to giving both students and teachers a taste of what it is like to go to school in the United States! I also look forward to conversations about potential partnerships.

We understand that the visiting group will be comprised of 26 students and 5 educators. The list of delegation members is attached.

From April 6 to April 10, 2017, your group will have the opportunity to spend time at Apple Elementary School, and I look forward to personally welcoming your delegation on April 6.

Sincerely,

Lucy Brown, Principal

Apple Elementary School

[School address]

[Phone No.]

[Fax No.]

Attachment: List of Delegation Members（中国游学学生访问团名单见附录3）

准备四：中美双方协商交流活动细节，制定活动安排表

为了保证中美双方师生都能在活动中有所收获，教师需要提前跟中美双方学校沟通，制作活动安排表（详见附录4）。活动安排表主要应当考虑：中方学校的交流安排，美方学校实际情况，当地特色活动时间安排等，并注意时间安排的合理性以及内容的丰富性。

准备五：制定合作协议，为双方未来合作做好铺垫

为了促进中美学校的长远合作，双方学校制定并签署了合作协议。协议中列出了双方合作的目标、方向：教师互派、培训、访问，学生各种形式的交流，中文和英语教学的合作等，并写明了合作的渠道和途径，为中美双方学校的未来合作奠定了良好的基础。

准备六：美方接待学校准备欢迎仪式和欢送仪式

中美学校合作不仅可以有效促进两国文化的理解和沟通，更可以为双方师生提供展示交流的机会和平台。因此，徐老师还精心准备了精彩的欢迎仪式和欢送仪式。在仪式中，中方学生展示了精彩的中国武术和歌曲表演，美方学生则将自己平日所学的舞龙、

舞狮和武术等进行了展示。精彩的展示赢得了在场领导、教师和学生们的阵阵掌声，中国文化也在仪式中更加深入人心。欢迎仪式和欢送仪式活动安排如下：

Welcome Ceremony

1. Dragon Dance and Lion Dance

   3rd grade AES students

2. Welcome

   Lucy Brown (Principal, AES)

3. Greetings

   Yang Long (Principal, China)

4. Chinese songs

   5th grade Chinese students

5. Chinese *Kongfu*

   Tom Smith (5th grade AES student)

6. Chinese *Kongfu*

   5th grade Chinese students

7. Welcome Chinese students to their host families

8. Closing remarks

   Mark Green (Asst. Principal, AES)

Closing Ceremony

1. Opening remarks

   Mark Green (Asst. Principal, AES)

2. Farewell speech

   Yang Long (Principal, China)

3. Brief speeches

   Representatives of the host families, American students and Chinese students

4. Student gift exchange

5. Closing remarks

   Lucy Brown (Principal, AES)

6. AES students see Chinese students off on bus

• 活动纪实

经过前期的精心准备，此次中国学生团访问美国活动有条不紊地开展起来。这次活动不仅使中美双方的师生对彼此的文化有了更深入的了解，更增进了彼此的友谊。中国的教师们详实地记录了此次活动。从教师们的记录中可以看出，此次活动对中国语言和文化的传播产生了积极的影响。

▶第1天

一大早，同学们就被住家相继送到学校。学校的老师们为了欢迎同学们的到来，自己动手准备了地道的美国早餐。九点，欢迎仪式正式开始。美方三至五年级部分学生首先表演了舞龙舞狮，赢得了在座所有师生的喝彩。随后，美方的校长向远道而来的中国师生表示了热烈的欢迎，中方的校长对美方为欢迎他们所做的精心准备工作表示了衷心的感谢，并祝愿两所学校的友谊天长地久。最后，中方学生合唱节目《迷人的火塘》《噢，苏珊娜》，并表演武术节目《中国功夫》，将整个欢迎仪式推向了高潮。

节目表演完毕后，同学们被分配到五年级的四个班中，和美国学生一同开始了三天的学习。上午十一点半，同学们开始了学校的特色课程——机器人兴趣班。指导教师向同学们展示了该校机器人兴趣班成员制作的机器人运货、撞击、过障碍等动作程序，播放了美国高中生机器人大赛的实况录像后，同学们自己动手制作了机器人模型，并做了现场展示。

中午，同学们在学校的学生餐厅，与美国同学们一起就餐，感受不同地域的饮食文化。

下午两点十分，同学们来到了充满艺术气息的美术课堂，在教师的指导下，学习制作了具有3D效果的中国国旗与美国国旗。下午三点半，同学们在中文教室被住家接回。短短一天的时间，同学们就与住家结下了深厚的情谊，纷纷拉着住家"妈妈"的手，高高兴兴地踏上了回家的路。一天的学习生活紧凑而丰富，同学们都在其中收获着、成长着……

▶**第2天**

清晨的小雨使这所校园格外清新凉爽，大家精神饱满地开始了一天的学习与访问活动。

同学们先参加了学校的特色课程STEM——科学、信息技术、机械、数学课。后来在音乐课上，大家欣赏了美国学生自己创作的美妙音乐，美国教师通过自己的肢体语言让学生感受音乐之美，学生自己打击乐器伴奏，通过动作表演感受音乐的节奏。中方校长也带领教师观摩了徐老师的中国功夫课。欣赏完特色课程之后，中美双方校长、教师代表及中方学生共同种植了友谊之花，组成了"永恒的友谊花园"。

晚上，美方学校领导和教师带中方师生游览了当地的Mac Daddy's游乐场，并享受了游乐园准备的丰盛晚餐，快乐而充实的一天在欢声笑语中结束了。

▶**第3天**

随着学校校车的到达，学生们陆续来到学校，开始了新的一天。我们的孩子有的是跟随校车到校，有的则是由住家的家长送到学校（因为大多数同学的新"妈妈"就是学校的教师）。

依然是整齐的入校队列，依然是一声声不太标准的中文问候"你好""你好"。这里的一切是那么的井然有序又充满亲情。经过几天的美国学校生活，我们的孩子已经渐渐适应了这种优雅而友好的问候方式。在学校里，孩子们先上了一节富有音乐元素的体育课，之后继续与美国小朋友们一起同堂上课。闲暇的时候他们精心为学校教师和本班的美国新同学制作小礼物，表达自己的感谢之情。因为他们知道，时间过得飞快，明天将迎来学校的送别活动。他们要充分享受与美国朋友共同学习的最后一天，充分享受来自异国新家庭和新朋友的热情与关爱。

上午，美方学校还组织带队教师参观了一所对口中学和一所友好小学，校长亲切接待了我们。

▶**第4天**

今天，空气格外清新，天空格外明朗，阳光格外灿烂，似乎是要把它最好的一面展现给即将结束四天学习生活的同学们。

上午八点半，欢送仪式正式开始。校长助理首先发言，她说，四天时间，大家从陌生到熟悉，学校领导及教师都非常荣幸成为大家的朋友，希望我们的友谊天长地久。随后，中方校长用英语感谢了学校的师生对我们无微不至的接待。四天的学习生活很短暂，但是很难忘，我们会珍惜这段美好的时光。校长还向美方学校发出了诚挚的邀请，希望他们有机会来中国感受中华文化。

之后，我校给美方学校赠送了书法作品，美方学生则用欢快、动感的koo koo kangaroo Dance表达了对中国学生的喜爱。中美双方校长为同学们颁发了结业证书，同时还为接待同学们的十二个住家代表颁发了感谢证书。住家代表与学生代表分别进行了发言。双方师生也互赠了礼物。最后，美方校长含泪为中方学生送上了最真诚的祝福，并期盼两校之间进一步加强交流，成为永远的朋友。

• 活动的文化传播价值

中国学生团访问美国活动的开展，有利于提升中国语言和文化在美国当地的影响力，也是让中国师生提升英语水平、深入了解美国文化的宝贵机会：

1. 让美国师生充分了解了中国语言之美。通过欢迎仪式、中国学生深入美国课堂、中国学生与美国住家的互动、“友谊之花”的种植等活动充分地展示了中国的语言的魅力。与此同时，在与美国师生交流的过程中，中国师生的英语表达水平也大大提升。
2. 让双方师生充分感受到了两国文化之美。欢迎仪式上展示的中国武术、舞龙舞狮，让美国师生直观感受到了中国文化之美。中国学生的彬彬有礼也让美国师生印象深刻。同样，美国学校的欢迎仪式也让中国师生看到了美国文化中的轻松、自由和热情好客。

3. 增进中美两校、甚至中美两国人民的友谊。

• 友情提示

1. 因为此项活动涉及很多内容，所以在前期的准备中务必将所有细节都准确计划好，以免活动开展时手忙脚乱。
2. 为了更好地彰显赴美中文教师的专业性，教师在与美国校长商讨活动事宜时，应提前做好活动策划。
3. 此项活动中涉及的办理签证用的邀请函、中美双方的合作协议等重要文件，应请专业人员进行确认，保证重要文件的准确性。
4. 活动涉及新闻媒体、中美双方学校的录像和拍照，教师应提前获得photo release。
5. 教师应密切关注住家与学生之间的相处情况及中国学生的身体适应情况，及时了解双方的文化差异问题并进行沟通调解。

▶时区

中国只有一个时区，而美国主要有四个时区，分别是：

- 东部时区，Eastern Standard Time，简称“EST”；
- 中部时区，Central Standard Time，简称“CST”；
- 山地时区，Mountain Standard Time，简称“MST”；
- 太平洋时区（西部时间），Pacific Standard Time，简称“PST”；

所以通知跨国交流活动时间时要说明时区。

▶夏令时和冬令时

- 夏令时：summer time，又称“日光节约时制（daylight saving time）”，是一种为节约能源而人为规定地方时间的制度，在这一制度实行期间所采用的统一时间称为“夏令时”。一般在天亮早的夏季人为将时间提前1小时，可以使人早起早睡，减少照明量，以充分利用光照资源，从而节约照明用电。
- 冬令时：winter time，即标准时间。是使用日光节约时制的地区在冬天将夏天拨快的1小时再拨回后的时间。

附录

• 附录1：中方学校简介示例

[School name] Overview

Contact Person		Position	
Office Tel No.		E-mail	
Mobile Phone No.		Website	
Address			
Potential Cooperative Programs	✓Provide Chinese language teachers and establish Confucius Classroom partnership. ✓Conduct student exchanges. ✓Conduct classroom-to-classroom collaborative projects. ✓Run study tours focused on specialized areas such as language, culture, sports, art, and mathematics. ✓Provide professional development for teachers and school leaders. ✓Develop youth leadership. ☐ Please add any programs you may be interested in *Note: Our school has extensive experience with teacher exchanges, student exchanges, and study tours, and we are able to devote significant resources to our international partnerships.*		

• 附录2：住家联系样表

Host Family	Student Name	Student Name
Mary Hill (1 Boy, 1 Girl) Tel:		
XU YANJIE (Jenny): 910-265-4248		

- **附录3：中国学生访问团名单示例**

NO.	Name	*Pinyin*	Gender	Age	Passport No.
1	李婷	LI TING	F	11	
2					
3					
4					
5					
6					
7					

- **附录4：交流活动时间安排表示例**

Date	Time	Place	Activity
April 6 (Sun.)	1:50 p.m.	Airport	Pick up Chinese teachers and students.
	3:00 p.m.	CAC	Host families and Chinese students meet.
		School	Cook-out. (After cook-out, host families take Chinese students home, Chinese leaders go to hotel.)
April 7 (Mon.)	8:40 a.m.—9:20 a.m.	CAC	Welcome ceremony. (5th grade, 3rd grade, 1st grade.)
	9:20 a.m.—11:20 a.m.	5th grade class	Chinese students attend 5th grade math, language arts, social studies, and science classes.
	11:30 a.m.—12:15 a.m.	Outside	Robotics class.
	12:20 p.m.—12:50 p.m.	Cafeteria	Lunch.
	1:30 p.m.—2:05 p.m.	5th grade class	Chinese students attend 5th grade math, language arts, social studies, and science classes.
	2:10 p.m.—2:55 p.m.	Art room	Special art class.
	6:00 p.m.	AES	1. Sign cooperation agreement. 2. Meet with Apple Public School leaders, AES leaders, and other school principals. 3. Dinner together.

续表

Date	Time	Place	Activity
April 8 (Tue.)	8:35 a.m.—9:00 a.m.	5th grade class	Chinese students attend 5th grade math, language arts, social studies, and science classes.
	9:00 a.m.—10:00 a.m.	AES	Attend STEM classes with host family students or 5th grade classroom teachers.
	10:00 a.m.—10:45 a.m.	5th grade class	Chinese students attend 5th grade math, language arts, social studies, and science classes.
	10:45 a.m.—12:15 a.m.	AES garden	Plant friendship flowers (attended by Apple Public Schools leadership and media).
	12:30 p.m.—12:50 p.m.	Cafeteria	Apple Public Schools leaders eat lunch with Chinese students.
	1:30 p.m.—2:05 p.m.	5th grade class	Chinese students attend 5th grade math, language arts, social studies, and science classes.
	2:10 p.m.—2:55 p.m.	Music room	Special music class.
	5:30 p.m.—8:30 p.m.	Mac Daddy	All meet at Mac Daddy's.
April 9 (Wed.)	9:00 a.m.—11:30 a.m.	Other schools	All Chinese leaders visit Apple Middle School and Apple High School.
	8:35 a.m.—9:20 a.m.	PE room	Special PE class.
	9:20 a.m.—11:20 a.m.	5th grade class	Chinese students attend 5th grade math, language arts, social studies, and science classes.
	11:30 a.m.—12:15 a.m.	5th grade class	Enrichment time.
	12:20 p.m.—12:50 p.m.	Cafeteria	Lunch
	1:30 p.m.—3:00 p.m.	5th grade class	Chinese students attend 5th grade math, language arts, social studies, and science classes.
April 10 (Thu.)	7:00 a.m.—7:45 a.m.	AES	Chinese students load luggage onto bus.
	8:40 a.m.—9:20 a.m.	CAC	Closing ceremony. (5th grade, 4th grade, 2nd grade, Kinder.)
	9:30 a.m.	Airport	Send off Chinese teachers and students.

【编者　徐艳杰】

英语小智囊

语言误区

✕含糊的时间表达：3:00 p.m., April 20

✓清楚的时间表达：3:00 p.m., April 20, Eastern Standard Time/EST.

实境范例

1.　如何提出活动建议？

例句：

（1） For the next step... I propose that we...

（2） I suggest we hold weekly meetings over the phone.

（3） Our team has the following (suggestions/proposals)...

2.　如何寻求更多信息/反馈/建议？

例句：

（1） If you have any problems accessing the ... please let me know.

（2） What do you think about this? Feel free to share your comments and feedback.

（3） What are your thoughts about...

情景范例：邮件约定召开会议

Dear ×××,

I hope this note finds you well.

The attachment is the document we have been working on. I have added some comments related to the issues we discussed at our last meeting. I still have some questions about... Could you please provide a bit more information about...

I would like to hold a meeting next Monday at 5:30 p.m.（EST）. Please let me know if the time is okay for you and Ben.

All the best!

Ting Li

Chinese Teacher

Apple Middle School

Room 403

Land Line: (555) 555-5555

第四章 专业素养

第一节 中文教师个人修养

背景

赵伟在国内是一名英语教师，英语沟通能力良好，他在美国Star Middle School任中文教师，该学校已开设中文项目数年，校长参加过“汉语桥——美国中小学校长访华之旅”文化交流项目，对中文教师和志愿者十分关照，也非常支持学校的中文项目，于是今年校方决定将方玲作为中文助教配给赵老师。方玲老师曾经在某亚洲国家的中学任教一年，有中学课堂教学经验，她的职责是协助赵老师完成中文课堂教学、课后辅导工作，并在社区开展文化活动等。

在评价赵老师时，校方客观地说：赵老师总体来说是一个比较“绅士”的教师，但对助教方老师不够尊重，个人职业操守和法律意识上有些问题。

情景再现

- **情景一：教学与师生关系**

赵老师在美国进行中文教学时，常以讲解为主，唯一的活动是让学生用角色扮演的方法重复他讲过的课文，学生无法产生中文学习兴趣，纷纷投诉到学校。

而开学不久，赵老师就与学生发生了两起冲突，造成师生关系紧张，并被学校记过。第一次是一个男生在课堂上对着中国的国旗画炮弹，赵老师认为这种行为是对中国和中国教师的极大不敬，于是他和这个学生发生了激烈争吵，差一点引起肢体冲突。第二次是他做课堂活动分任务时忽略了一名女生，被该生质问，赵老师认为该生很不尊重自己，没有控制住自己的情绪，拍着桌子大声呵斥，随后该生走出教室，报告了校长。

- **情景二：职业操守**

赵老师到美国后不久，便请假一周陪他的家人去旅游，让助教方老师代课，却没有准备任何出游期间的代课教案，只把课本交给了方老师。赵老师认为，家人探亲的时间不长，有助教老师代课也不会影响教学进度。这令校方十分不满。

- **情景三：遵纪守法**

赵老师在开车上班的路上闯了**stop sign**[1]，恰巧被一个学生家长见到，家长一路开车跟到学校。在家长询问他为什么没按要求停车时，赵老师以“校长给我布置了任务，让我赶紧去协助早上的活动”为由，把责任推卸给校长。后来项目管理教师了解到，真实的原因是：那天下雪，赵老师起床晚了，没有预留扫雪的时间，又担心迟到，于是心情焦急没顾上停车。

关键词

1. **Stop sign：停车等候标识。**该标识在美国随处可见，尤其是在交叉路口、小路转大路的衔接处以及校车上。美国各州法律均规定，驾驶人在看到stop sign时必须等待足够的时间（停稳至少三秒钟）才能继续行驶。此外，跟在学校校车后也必须注意，当校车竖起stop sign的时候，驾驶人也得停车，此时超车也是违法的。

。

stop sign

*校车具体规定请参考《国际汉语教师生存指南 · 工作篇 · 上》P6相关介绍。

分析

- **案例分析**

与第二章《与学校领导沟通》中未被学校同意续约的周老师不同，赵老师的问题在于缺乏提升自身专业素养的意识，职业操守方面也做得很不到位，令美方学校和项目管理教师不满，不仅被校方投诉、记过，还给中文教师的形象和中文项目带来了负面影响，以下几点值得我们引以为戒：

1. 应不断改进教学方法。

赵老师出现课堂管理困难的根源在于他的教学方法。赵老师没有根据美国中学课堂的实际情况及时调整教法：美国学生不喜欢只有教师讲解，而没有互动的课堂，教师所讲的内容一旦无法吸引学生，就会出现课堂管理问题。

> **建议：以学生为中心设计教学活动，注重课堂教学的趣味性与互动性，避免教法僵化问题。**

在听取中文项目教师的建议后，赵老师经常去其他教师的教室听课，在自己的课堂教学中增加了更多活动，并常常与学生互动，积极创设“以学生为中心”的课堂环境，教学也越来越顺畅了。

2. 遇事冷静，按流程处理。

教师自己失控，他的课堂就会失控。由于文化因素的影响，美国孩子的个性更为开放，行为上更加不愿受约束，学习动机也不如亚洲国家学生强烈，使一部分教师手足无措，甚至被激怒。遇到课堂管理问题时，作为中文教师，我们应该先了解事情的原委，冷静之后再作处理，切忌因为冲动做出不理智的决定和举动。在赵老师看来“对中国国旗不敬”的学生，如果他能考虑到学生的年龄特点，就可以理解学生只是在以这种方式发泄对教师的不满。

* 《国际汉语教师生存指南·工作篇·上》介绍了许多处理纪律问题的流程，教师只需严格按照流程行事，就不会被学生激怒甚至牵着鼻子跑，也可以避免给自己带来麻烦。

> **建议：遇事沉着冷静，三思而后行，先反思学生为什么会有这样的行为和言论，多揣摩学生和课堂特点，学习引导和教育学生，切忌盛气凌人和大声呵斥。**

后来赵老师采纳了项目管理教师的建议，从欣赏这个学生的绘画天赋出发，发现他的汉字是全班写得最好的，因此经常表扬他。受此鼓舞，这个学生在其他学生听写都在写拼音的时候，写出了汉字，再次受到赵老师表扬，该生的学习动力增强，学习成绩也越来越好，逐渐成了一个爱学中文的好学生。

3. 积极与学生建立良性关系。

在美国当教师，尤其是高中教师，一定要善于把自己之前的状态“清空、归零”，在培训期间和教学期间认真学习美国学生的特点以及如何适应美国课堂。相互了解和信任以后，师生之间就会出现良性互动，否则教师费再大工夫去备课也是事倍功半。从克拉申（Krashen）的情感过滤假说来看，学生更容易接受自己喜欢的教师的建议，同时也会不自觉抵触和排斥自己不喜欢的教师。

建议：在美国教学时，在课堂上，中文教师一定要理解学生在青春期的心理，控制好自己的情绪，跟学生建立起良好的关系，课外要增加自己的“曝光率”，多多参与学生的各种活动，找到学生的兴趣点，并与自己的课堂教学结合起来，增进师生感情。

4. 身负中国形象重担，严格自律。

志愿者教师来到美国，很可能是该校师生或者附近社区居民见过的唯一的中国人，所做的一切都代表着中国人的形象，像赵老师这样请假一周去旅游的行为可能会给美国人留下中文教师不敬业的不良印象，认为只有中国教师才会这样做，甚至影响美国人对中国人的整体看法，形成刻板印象。

建议：做一名恪尽职守的好教师，不要滥用病、事假，更不要编造理由，节假日前后尤其要注意，不要因为请假而影响自己的信誉。

5. 提高法律意识和责任意识

在美国闯stop sign是典型的违法乱纪行为。Stop sign在美国人心里，是人人必须遵守的交通法规，不能随意违反。美国的普通公路、市区公路和高速公路设计的时速都比国内高，美国各州的交通法也明确规定在小路转大路、十字路口等处，必须在stop sign前停车等待，这样可以避免撞上飞驰而过的车辆，也可以保证转入行驶道路以后不影响现有的车流速度。不闯stop sign不仅是遵纪守法的行为，也是对自己生命负责任的表现。2017年上半年在美国发生过一起中国留学生全家车祸丧生的悲剧，就是因为没有在stop sign前等待。在情景三中，赵老师被学生家长抓到了现行并跟踪质问，却把责任推到校长头上，让人觉得他不仅无视法律，而且不敢担当。犯错并不可怕，勇于承担，吸取教训并不再重蹈覆辙，才会得到周围人的谅解和尊重。

建议：遵纪守法，犯了错误不随意推诿，勇于承认错误并诚恳道歉。

• 文化点

1. **请假**：中文教师应该记住，在有的学区，教师工会与学区的合同里都包括禁止教师在节假日前后请假的条款，一是因为那段时间代课教师的课酬相对较高；二是因为代课教师有可能也要去度假，学校很可能找不到代课教师。中文教师自己应该先了解所在学区的相关规定和情况，切记不要在节假日前后休假。在美国诚信至关重要，这样做会影响自己的信誉，带来负面影响，甚至产生不良后果。
2. **法规**：美国对违规的处罚比较严厉，一旦违反并被发现，至少会被处以200美元的罚款，因此，美国人对法规的遵守更加主动，无论有无监管，他们都会在stop sign和红灯前面规规矩矩地停够时间；遇到一边堵车，一边空空荡荡的路况，也很少逆向行驶；停车场停满了，也很少有人会去抢占残疾人专用停车位。
3. **注意公众形象**：在美国有很多人喜欢监督他人在公共场合的行为，如果有人在公共场合吸烟，随手往车外扔垃圾，大声打电话，任由孩子在商场、饭馆吵闹奔跑等，周围可能就会有人提醒他注意这是公共场合。这有助于形成良好的社会公德，给下一代树立良好的榜样。

• 友情提醒

一位中文教师的职业操守如何，在选拔阶段和培训阶段也许表现不出来，但是一旦上岗，就会慢慢地显露出来。有些人抱着“出去旅游一年，拿着工资感受一下异国生活”的想法，在专业素养上不思进取，教学上不顾效果，日子得过且过，置赴任国的法律法规和学校的规定于不顾，给中国的国家形象和中文项目的发展带来了恶劣的影响，是非常不负责任的。在美国，这样的中文教师很容易被美方学校和家长投诉到管理部门，情节比较轻的会被项目管理教师谈话并督促改正；情节严重、不思悔改的会被提前遣送回国。那些在不经意之间触犯美国法律的，甚至可能惹上牢狱之灾，终身名誉毁于一旦。

拓展练习

刘老师在美国期间没有举办过任何庆祝春节的文化活动，反而是该校的艺术教师在帮着设计、策划和主办。这令校长非常不满，他认为刘老师没有发挥中文教师的作用，缺乏主动性，很不敬业。刘老师则认为自己以前没有组织活动的经验，学校也不给经费，艺术教师刚好有这个心思和能力，自己也可以专心教学。如果你是刘老师的朋友，你会怎么做？

【编者　骆美婵】

英语小智囊

语言误区

✗容易引起误解的词：I have a friend coming.

✓专业的词：I have a visitor coming.

小提示：工作时间会见friend会给人公私不分的印象，而接待visitor是教师的日常工作之一。特别是有学区领导、学校领导或其他老师听课时，不要跟学生说这是我的朋友（friend），要介绍来访者（visitor）的身份，如这是XX学监（superintendent）或XX老师等等，并请学生跟来访者用中文打招呼。

实境范例

1. 如何提高课堂活动的趣味性?

词汇：competition, bonus, choices, kinesthetic

例句：

（1） It's time to have a flash card team competition. We will count "1, 2, 1, 2" to divide into two teams.

（2） I will read the Chinese tongue twister and time it. Anyone who can read faster than me gets five bonus stamps.

（3） As usual, we have three speaking tasks for this unit. You can choose which one you want to do. Task A is very basic; you can earn up to 70 out of 100. Task B is a little challenging; you can earn up to 80%. Task C is the most challenging; it requires that you put together everything you have learned. This task is worth up to 100%.

（4） Let's play charades. Charades（你比我猜）is a very popular kinesthetic game among students.

2. 如何避免与学生发生冲突?

词汇：not relevant (irrelevant), focus, choices

例句：

（1） 教师正在讲课，一位学生突然问："Ms. Lee, are you married?"

教师：No irrelevant questions, please!

（2） Focus, please. I'm hoping you'll be able to win the competition we play next!

(3) Jack, you have two choices. You can focus on our lesson and stop talking without permission, or you can go to the office with a lunch detention. Which option do you choose?

英语模板：给代课教师的教案（进行单元测验）

Lesson Plan for My Substitute Teacher **May 7th, 2017**

Quiz on *Lessons 21 & 22:*

▶ Give students 15 minutes to review.

▶ Put on the quiz words on the Active board.

(In the folder *Quiz May 7, 8, 9***th**, file name: *Quiz word L21 & 22.*)

▶ Distribute the quiz paper *Lesson 21 & 22.*

▶ Collect the quizzes when they are done.

(If students finish early, they can do missing assignments or read.)

Guidelines for the Quiz:

✓ Students can use the reference lists posted on the walls of the classroom.

✓ Students cannot use handouts.

✓ Talking during the quiz will be regarded as cheating.

Attachment:

Student name lists & attendance forms, seating charts

> 小提示：给代课老师准备教案，最好不要准备新课或者特别难操作的内容，一般安排一些练习、复习文化或手工内容。

第二节 海外成功的中文教师必备素质及案例

背景

随着中国在世界上的迅速崛起，全球越来越多的国家开始开设中文课，中文教育蓬勃发展。但中文教师质量参差不齐，很多教师表现出很好的专业素养，能够在教学中取得成功，赢得校方的喜爱和盛赞，而个别教师因为表现不够专业，不得已提前离职，给个人、校方和项目都造成了不良后果和损失。海外中文教师应该具备什么素质才能取得成功？

吴静静老师的成功案例

• 吴老师的成绩

吴静静老师在美国一所公立小学任教期间，因其出色的教学赢得了学生、家长、同事、校长、学区领导的高度赞扬。

✓ 创建的小学生中文学习网站作为学区的典型，被学区董事会作为范例展示；
✓ 两次参与国家汉办举办的海外教学大赛，均荣获一等奖；
✓ 作为优秀海外中文教师志愿者代表接受中国中央电视台采访；
✓ 多次受邀参加赴美汉语志愿者教师培训，担任新教师导师；
✓ 多次在各种大小型中文教师会议、外语教学会议中就教学法、教学管理方法做讲座和展示。被学区推选为最优秀的中文教师代表，接受**《时代儿童》**（*Time for Kids*）[①]周刊记者采访并荣登《时代儿童》周刊封面故事；
✓ 在美国外语教学协会年会（ACTFL）上，被全美中小学中文教师协会（CLASS）授予首届“姚道中优秀新教师奖”，全美国仅有两位中文教师获此殊荣；
✓ 被推选为所在州的世界语言教学大纲修订成员，参与州世界语言教学大纲修订，也是此项目中唯一入选的中文教师；
✓ 被州世界语言项目负责人评价为“最优秀的语言教师”。

① 《时代周刊》相关出版刊物，每周发行，美国小学广泛订阅。

吴静静老师登上《时代儿童》杂志

- **吴老师的成功秘诀**

1. **用心关爱学生，上好每一节课。**每个学生都希望得到教师的关爱，学生能够感受到教师对学生的爱。学生如果喜欢这个教师，觉得这门课有趣，他们就会喜欢这门课，就会回家和家长汇报。这样一来，学生和家长口口相传，有利于形成教师的良好口碑。
2. **加强与家长及班主任（classroom teacher）的联系。**经常和班主任沟通、了解学生的情况，并配合班主任和其他任课教师的课堂活动，适当地调整教案进行跨学科教学；并通过班主任每周给学生家长发班级新闻通讯（newsletter），选登每周中文课堂活动的重点（highlight），与学生家长形成良性沟通。

为了让家长更多地了解他们孩子的中文课堂及吴老师的中文教学，她定期邀请家长来听课，曾经有一位是当地州立大学教育学院院长的家长，听了吴老师的课后，对学区领导赞扬吴老师上课能使用适合学生年龄的各种方法，最大程度地调动每个学生的参与积极性，不浪费有限的课堂教学时间，加强了学校领导对她教学的认可。

3. **积极参与学校组织的活动，真诚对待同事，和同事多沟通，多交流感情。**若有同事给予了帮助，吴老师会及时写一封感谢卡或送上一份小礼物。她也经常会带一些自己做的中国菜和点心到学校和教师们分享，让同事们从中国的食品中更多地了解中国文化。她的用心也换来了同事的真情，在中国春节期间，同事们自发地组织potluck活动，每人自带一份中国式的点心和食品，在教师用餐的休息室共进午餐，庆祝中国春节。

4. **在社区传播中华文化。**利用中国传统的节日，举办庆祝活动，如，中秋故事话剧表演、春节联欢会、春节游园活动、学生中国书画展等。发邀请函请所有的家长及学区的领导参加活动，展示学生在课堂上学习的成果。家长和学校领导非常乐意看到学生展示在有限的时间内学到的中国语言和文化。这些活动不仅可以给学生带来成就感，还可以在学校和社区传播中华文化，让学校和家长更加支持中文项目，并极大地提高学生学习中文的动力和兴趣。

吴老师举办的中国文化活动

5. **踊跃参加有助于专业发展（professional development）的教师培训活动。**教师培训活动有利于教师不断地提高自己的专业素养，用适合美国学生的教学方法，设计出学生参与度高的教学活动，营造高效的教学环境，从而赢得校方和学生的尊敬和喜爱。

游寅耀老师的成功案例

• 游老师的成绩

游寅耀老师在美国犹他州的小学沉浸式岗位任教五年。他在美国教学期间，获得了国家汉办及美国当地的高度认可。

- ✓ 先后荣获国家汉办授予的优秀汉语教师志愿者证书，美国大学理事会授予的荣誉证书；
- ✓ 数次荣获美国大学理事会授予的“明星教师”称号；
- ✓ 美国犹他州家长和教师协会授予的2014—2015年度杰出教育者“金苹果”奖；
- ✓ 美国犹他州家长和PTA授予的2015—2016年度杰出教育者奖；
- ✓ 美国犹他州外语协会授予的2017年度国际教师奖；
- ✓ 国家汉办/孔子学院总部授予的2017年度“孔子学院先进个人”，也是北美地区唯一的获奖者，国务院副总理刘延东女士亲自为游寅耀老师颁发奖章；
- ✓ 多次受邀培训赴美汉语志愿者教师。

荣获优秀志愿者

刘延东女士为游老师颁奖

- **游老师的成功秘诀**

1. **多方互动，齐力为学生。**每周给学生家长发送一封“本周学习目标”邮件，详细告知家长这周学生数学、中文、社会科学及文化要达到的学习目标以及要掌握的内容，并附上学生可以在家操练的教学资源、学生和家长可以进行教学互动的方法以及学生在校学习情况的影像资源，方便家长全方位地了解学生的学习情况，参与到学生的学习中来，和教师一起全面支持学生的学习。此外，游老师还及时查看邮箱，抱着感恩的态度看待家长给予的各种反馈，并尽量在第一时间回复家长的邮件，建立起家一生一师的积极的互动、支持关系。
2. **全面沟通，处事周全。**全面、及时地和学校各方沟通。特别是第一年，教师刚接触美国教育，不了解的细节应及时询问英语搭档、mentor、学校校长，以便加快自己对美国教学的适应力，深入了解美国教育；碰到自己无法处理的问题，也可以去征询他们的建议或寻求他们的帮助，积极向他们请教，虚心向他们学习、并保持感恩之心，对于别人提供的信息，给予的资源、帮助和建议，及时地表达感谢。

3. **坚定目标，扎实教学。**要上好一节课，备课是重要前提，上课是强大核心，反思是重大推力。备课时仔细研读课程标准以及教材内容、测试资源，钻研系统、高效的教学方法，思考能够寓教于乐的教学活动，合理安排上课时间，做到思路清晰、内容设计得当；稳扎稳打，循序渐进地把知识传递给学生。课上，应充满对教学的热情，用热情去感染学生；灵活运用各种教学方法，结合各种教学活动，充分调动学生的积极性，让学生全方位地参与进来；积极鼓励学生，肯定学生的努力，及时给予学生反馈。

4. **传播文化，绽放真精彩。**注重文化教学及文化传播，让学生、家长、社区更了解中国文化、走近中国文化从而爱上中国文化。在科目教学中穿插文化教学，不仅能够很好地调整学生的学习状态，而且能让学生真切地学习到中国文化。在中国节日期间，让学生体验中国的节日文化，组织和开展春节游园活动，组织全校师生、家长一起庆祝春节，积极带领学生在更多的舞台上展示中国文化，让中国文化精彩绽放。

游老师的春节文化活动

5. **学习分享，反思求进步。**把握各种培训机会，学习其他教师的各种教学方法、教学经验，运用到自己课堂中，提高自己的教学技能。并不断总结和反思自己的教学，多与别人交流、分享自己的教学经验，在反思和交流的过程中，不断改进教学的思路和方法，在不断的学习、分享、反思、交流中寻求更大的进步。

具有专业素养教师的“要做”和“不要做”

• 要做（Dos）

1. **了解美国教师在学校的人际关系网。**中文教师应具备良好的沟通意识、能力和技巧，懂得如何跟各方进行沟通，经营好与各方的关系，如校领导、同事、学生、家长、社区人士等。

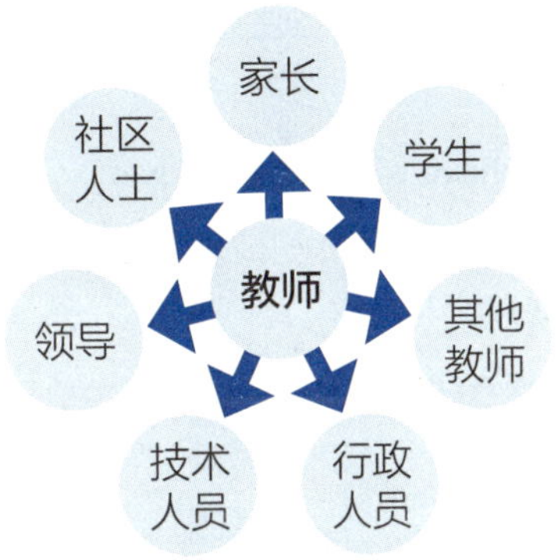

教师的人际关系网

2. **每天查收邮件。**海外中文教师要养成每天回复邮件的习惯，以免影响正常的工作。
3. **态度积极，乐观正面，表现自信，充满正能量。**心态决定一切，无论遇到什么挑战，都要积极乐观处之，坚强面对，不忘初心，切忌回避。要相信办法总比困难多，每天给自己正面的心理暗示，从而克服困难，迈向成功。
4. **了解美国教育，培养具有“21世纪技能[1]”的学生。**发展学生的创造力，鼓励创新教育，注重学生创新、**审辨式思维（critical thinking）**[2]、交流与合作等能力的培养。
5. **营造高效的课堂教学。**教师除了具备扎实的专业知识外，还要熟知美国的教学理念和教学法，如目标语教学、反向课程设计、以学生为中心教学、多种评估并用、真实语料教学、主题式教学、差异化教学、基于外语教学标准的教学等，设计学生高度参与的课堂。
6. **具备课堂掌控能力，营造安全的学习环境。**良好的课堂秩序是教学推进的重要保证，所以教师首先要有强烈的课堂管理意识，树立自己的威信；要**正面强化**[3]；遵循3Fs（firm，fair，friendly）规则，对待学生要坚定、公正、友善，以赢得学生的尊重；对学生要有高期望值，低容忍度，做到始终如一。先立课堂规则及课堂程序，并不断训练和强化课堂程序，让学生了解违反规则的行为后果；尊重学生，给学生选择的机会而非强行压制学生，如，学生上课玩手机时，教师可以说“你愿意交给教师，还是自己收起来？”（让学生感受到被尊重），而非“把手机交给教师”或“收起来”（可能引起对立情绪，引发冲突）。

7. **做学生喜爱的教师。**有亲和力，关爱学生，鼓励学生，激发学生的学习动力。有意识地、主动、深入、细致地了解学生，与学生建立相互尊重、相互理解和相互体谅的融洽关系（rapport）。

> 记住美国教育界常用的名言：“Kids can't learn from teachers they don't like.”正如孔子《学记》所言：“亲其师，信其道。”学生不会因为喜欢中文而喜欢中文教师，但一定会因为喜欢教师而喜欢中文。

8. **提供公平的参与机会。**关心每个学生，帮助每个学生学习中文。营造相互尊重、相互支持与理解的团体气氛。
9. **养成成长型思维模式（have a growth mindset）。**多鼓励、夸奖学生所付出的努力，而不要夸奖学生的天赋。赞美小的成就或进步，庆祝学生的成功，做到私下纠正（先褒后贬）、公开赞扬。
10. **在课堂内外积极传播中国文化。**在学校布置中文展台、展墙，在学校、社区举办文化传播活动。
11. **尽可能多参加学校各种活动。**与同事、学生保持良好互动，以便更好地了解学生，与学生建立更加紧密、融洽的关系。
12. **尊重和保护学生隐私。**包括成绩、肖像、个人及家庭信息等。给未成年学生拍摄任何影像都要事先签署拍照许可（photo release）。
13. **遵守法律校规。**遵守学校的各项规章制度；按时工作，不迟到、早退；按时参加全体员工会议；遵守请假制度，尽早备好代课教案，以备不时之需。
14. **不断进行自我提升。**教师对自己也要对自己的**专业发展**[4]有所规划，通过参加国内、州、学区、学校的各种培训，不断学习、补充新知识，改善教学，成为终生学习者。
15. **勤于记录。**在校内发生的事要随时记录，做到有据可依，以便需要时出具给校方、家长，同时也可以更好地保护自己。
16. **善于反思。**要不断总结经验教训，及时了解自己需要发扬的优点和改进的缺点，只有善于反思的教师才能成为优秀的教师。
17. **着装职业。**尊重学校的着装要求（dress code），做到“学为人师，行为世范”。
18. **敏而好学，不耻下问。**主动咨询不懂或不知道的事情，不懂装懂只会适得其反。

19. **虚心听取并接受建议。**良药苦口利于病，不找任何借口拒绝接受建议，对愿意花时间帮助自己的人要怀有一颗感恩之心。
20. **充分利用身边的资源。**包括人力、物力资源，需要时要寻求帮助，拖到无可挽回时再求助将于事无补。

- **不要做（Don'ts）**

1. 不要跟学生正面冲突，升级矛盾。
2. 不要与学生有任何肢体接触。
3. 不要忽视任何一个学生，不要让任何一个学生掉队。更不要放弃学生，教师没有权利放弃任何一个学生。
4. 不要当众批评学生，更不要讽刺挖苦学生，让学生当众难堪。
5. 不要情绪失控，大喊大叫，强行压制学生。教师自己失控就会导致课堂失控。
6. 不要在任何情况下离开学生，使其无人看管。
7. 不要不断赞美某一个学生，而不顾及其他学生。
8. 不要试图跟学生交朋友，不要用社交媒体跟学生交往，不要将自己的私人联系方式留给学生，不要发展校外的师生关系。在校内，教师也要尽可能避免和学生单独待在教室，不得已时务必记得要将教室门打开，以免引起麻烦。
9. 不要威胁学生，包括言语威胁及恐吓。
10. 不要在课堂上讲宗教和政治。
11. 不要用不恰当的语言，如“shut up”等。
12. 不要请学生或家长帮你解决个人的私事。
13. 不要接受学生家长的馈赠。节假日时收礼，要谨遵学区和学校的规定。
14. 不要和同事任意批评学生或其他同事，这些言论很有可能流传出去，造成不良影响。
15. 不要给学生任何药品。任何医疗行为都要经过学校护理人员处理。
16. 不要有任何负能量，负面情绪无助于解决任何问题，只会让事情变得更糟。更不要把个人的负面情绪带入课堂，做到就事论事、不迁怒。
17. 不说消极、抱怨的话，不做可能产生负面影响的事，牢记“谨言慎行”。
18. 不要越级报告，凡事做到充分沟通，了解跟谁沟通有效，避免问题升级。
19. 不要斤斤计较，分清大格局和小格局，不要因小失大，切记“吃亏是福”。
20. 不要过于依赖别人，尽可能独立地解决各种问题。

关键词

1. **21世纪技能：美国联邦教育部在2007年制定了《21世纪技能框架》，提出了21世纪美国教育应培养的核心素养和技能，将21世纪人们应具备的基本技能整合起来，绘制了学习者的学习设计和培养技能蓝图。**其四个主要内容是：核心课程和21世纪教育主题（Core Subjects and 21st Century Themes）、生活和工作技能（Life and Career Skills）、学习和创新能力（Learning and Innovation Skills）、信息媒体与技术能力（Information, Media and Technology)。其中，学习和创新能力处于21世纪学习技能的"金字塔"顶端，包含了创造性和创新能力（Creativity and Innovation）、审辨式思维和问题解决能力（Critical-thinking and Problem-solving）、交流能力（Communication）和合作能力（Collaboration）。这些能力也称"4Cs"，被视为美国教育革新的核心任务。总之，"21世纪技能"包括了团队合作、学会如何学习、处理全新的问题、利用教育科技产品促进学习。

   *具体可登录http://www.p21.org/about-us/p21-framework了解。

2. **审辨式思维：critical thinking，一种判断命题是否完全正确或部分正确的方式，审辨式思维是学习、掌握和使用特定技能的过程，是一种通过理性思维获得合理结论的过程。**在这个过程中，包含着基于原则、实践和常识之上的热情和创造。审辨式思维是创新型人才必须具备的能力，也是学习者培养的重要任务。

3. **正面强化：positive reinforcement，教师要用正面的语言来强化学生行为，以此来调动学生的积极性，营造和谐的教学氛围。**如，教师看到几个学生上课说话，可以表扬一个安静的学生，树立正面典型，让大家像其一样，学生会了解教师的期待和要求，并照此去做，这样就会达到教师期望的效果；教师也可以再让大家复习班级规则或练习课堂程序。反之，如果教师以批评口吻点名说"不要讲话！"被点名的学生可能会说："我没讲话，是他跟我讲话的。"或"不是我一个人讲话，你为什么不说他（们）呢？"这样不仅不能达到教师期望的效果，反而会引发对立情绪和矛盾冲突，得不偿失。

4. **专业发展：Professional development，简称"PD"，指通过培训、学习、进修等方式获得或维持专业资格。**美国中小学教师会有各种专业发展的机会，学校也希望教师能够不断提升业务，有些州和学区要求教师每年有一定的培训时数，以保持教学资格，一些学区还将薪水和专业发展的时数挂钩。

拓展练习

1. 王老师觉得要让学生喜欢自己必须先跟学生交朋友，所以他常跟学生在课外交流、互动，如开车送学生、单独参加只有学生的派对，他认为这样才能跟学生搞好关系，是关心学生的好教师，你同意吗？
2. 李老师认为教学工作是她分内的工作，跟家长沟通不在她工作职责范围内，是可有可无的。而且，她觉得如果因为学生有问题而求助于家长，会显得她无能，所以她常以忙为理由回避与家长联系，你觉得校长对此会有何看法？
3. 李老师每天除了教学任务外，还有一节课的非教学任务——校车值班，即每天负责在学校停车场组织学生下校车、进教学楼。她感觉每天在室外站立一节课时间很辛苦，觉得自己是教师，不应该做这种工作，就跟同事抱怨。如果你是她的同事，你会怎么办？

*感谢吴静静、游寅耀老师为本文提供素材

【编者　Lisa Huang Healy（黄丽娟）】

英语小智囊

语言误区

✗避免使用过分谦虚的说法。

（1） I am inexperienced.

（2） I know very little about the US.

（3） I don't think I'm a very good teacher.

✓可以对自己进行客观评价。

（1） I have been teaching for quite a while, but I am still adjusting to this new teaching environment.

（2） As a foreigner, I have learned a lot about American culture from books. Now that I am here in the US, I am learning a lot more.

（3） I was a was a successful and respected teacher at my previous school, and I am working hard to become a good teacher here as well.

实境范例

如何描述自己作为对外汉语教师的专业素养?

1. 业务素养:

（1） A deep understanding of Chinese language and culture.

（2） A good mastery of Chinese language and pedagogy.

（3） A well-trained, qualified and experienced teacher.

2. 能力素养:

（1） Good presentation skills.

（2） Good interpersonal communication skills.

（3） A fast learner, willing to learn and progress.

（4） Ability to work independently, mature and resourceful.

3. 道德素养:

（1） Mature, dynamic and honest.

（2） Motivated, independent and responsible.

（3） Positive and pro-active.

英语模板：个人发展计划

PROFESSIONAL DEVELOPMENT PLAN	
Specify School or Area Improvement Goal By... Apple Middle School students will demonstrate an increase of ×× percent in the ELA proficiency rate to ×× percent proficiency.	
Professional Growth Objective I will attend professional training for the ×× *Standards* during the... school year. I will continue to participate in my PLC (Professional Learning Community) to improve my teaching practice.	
Expected Student Outcomes By the end of the ×× school year, At least ×× percent of my students will meet or exceed standard as measured against the ×× *Standards*.	
Professional Development Activities • Observe experienced teachers' classes to incorporate more effective teaching strategies. • Attend district workshops. • Use PLC to analyze an align student outcomes. • Attend professional development related to the ×× *State Standards*. • Align curriculum and assessment to meet the ×× *State Standards*.	
Evaluation of Professional Development Plan School-based and district-developed formative/summative assessments. Parent/guardian feedback.	
Use of Parent Input to Assess Attainment of Objective Use parent contact, student-parent conferences, website, class dojo etc. to keep in touch with parents, give positive and constructive comments to keep parents updated with the progress of their kids, and get support from parents.	
Assistance and / or Resources Required	PLC, workshops, class observation opportunities, world language seminars and conferences

Collaborating Personnel	Department Chair, mentor, counselor, behavior specialist, teachers of other subjects
Administrator's Final Review Comments	

拓展练习参考答案

第一章 评估

第一节 教学评估

01 正式观摩课评估

1. 开展全新的活动时，教师常常需要详细解释活动规则。在美国，语言教学允许使用媒介语解释规则，进行课堂管理，但过多使用英语必然会破坏目的语教学的氛围，浪费课堂教学时间，这点需要引起教师们的注意。较有效的方法是把英语的规则写在白板或PPT上。

   美国的孩子是在“做／玩中学（learning by doing/playing）”的氛围中长大的，教师站在讲台上讲课的传统方式对于他们来说行不通。所以，我们要组织以学生为中心的生动、有趣的课堂。为了让学生明白活动规则，除了直接解释规则之外，教师们还可以用“to-with-by”的形式，在做活动之前，给学生演示一遍（show to students），然后找一个学生和自己搭档一起做一次，或者请一组学生演示一次（do with students），最后再让学生自己做这个活动（do by themselves）。这样“三步走”的方式，给了学生在实境中了解规则的机会，在此期间，学生还可以针对规则提问，教师也可以让已经清楚规则的学生来回答。

2. 王老师这样回答是不合适的。跟学校领导沟通时，首先要虚心接受对方的建议，肯定对方建议中的合理部分。在这个例子中，可以首先感谢校长指出课堂存在的管理问题，以及校长提出的“动静结合”的建议。

   其次，要避免为自己的行为找理由。在这种情况下，应表达自己会进一步思考对方的建议，去实践、去改进，今后遇到问题会再向对方请教。

   再次，王老师对课堂管理的目标可能有一些误解。语言课堂并不像其他课堂一样，要求学生安安静静地坐在座位上认真听讲或做作业，只要学生的行为紧紧围绕教学目标进行，就都是合理的。所以教师应该乐见学生踊跃参与活动，鼓励学生多说、多练，该动则动、该静则静。只要教师能做到收放自如，在活动结束时能掌控好课堂秩序即可。

   最后，课堂要有序，要让学生在“动”过之后“静”得下来，这个过程需要教师在课堂上不断与学生磨合，平时多训练学生做活动及过渡的程序，找到合适的方法，而不是因为怕学生“静不下来”就让学生一直坐在座位上。教师应让“动静结合”的课堂教学成为常态。

02 多元化教学评估

读：利用上述或类似的自我介绍或个人资料／信息设计阅读理解题目。阅读理解题目可用英文展示，以免学生从题目中找到答案，从而提高评估的准确性。如，问“What is her favorite sport? ”而不是“她最喜欢什么运动？”这样学生必须要能看懂语料中的汉字才能正确回答问题。

写：让学生制作或填写一份与此语料类似的小档案来介绍自己。

第二节 中文测试

01 中文AP考试

1. 丰富学生词汇量，拓展成语、俗语教学；训练学生使用不同句式表达同一语意的能力，避免写作句型结构单一；加强连词教学，提升学生连词使用能力；严格纠正语法错误，加强病句修改练习；巧妙利用教材对话，让学生用段落写作叙述教材对话。
2. 提供文化读物，规定学生定期读一篇文章，并用自己的语言描述这篇文章涉及的文化知识点；小组做文化课题研究，教师指定文化主题，如，主题为中秋节的研究，让学生从中秋节的来历、庆祝方式、与美国某节日的对比及其象征意义几个方面去着手研究，并以小组为单位组织好一篇陈述；提供与传统文化相关的视频资源供学生课后观看。

03 中小学生汉语考试（YCT）

1. 大量的练习并不一定能够显著提高学生的考试成绩。考试是检测的工具，不是教学的最终目的。依据考试大纲，把考试内容自然地渗透到平日的教学中，通过操练提高学生的语言技能，学生语言水平的提高就会自然地在考试中体现出来。要让考试真正成为检测的工具，成为教师设计教学、改进教学的一面镜子。
2. 语言水平的提高离不开听、说、读、写四项技能的训练，四项技能相辅相成，我们要以提高学生语言水平为最终目的。考试只是一种检测工具，即使考试不考书写，我们也要全方位地培养学生的语言技能。听、说可以领先，但读、写也要跟上。

第二章 沟通

第一节 与同事沟通

1. 首先不建议王丽自带食物，这样会显得她不愿融入当地的饮食文化，让别人感觉她太挑剔，也显得对主办方不够尊重；一般来说，食物中多少都会有王丽可以吃的，如烘焙类的食品，面包、甜点之类的。其次要乐于主动尝试和接受当地的饮食文化。

   如果发生练习中的情况，首先要跟mentor解释她不能吃冷餐。如果确实是冷餐，一般餐厅里都有微波炉，王丽可以拿一些食品用微波炉加热。而实际取餐时，她发现大部分是热食，因此她把餐盒放在一边，然后告诉mentor她很喜欢家委会提供的餐饮，她没有反驳mentor说她挑食的话语，只说她尝试了几乎所有品种并且都很喜欢。

   实际上，后来王丽的主管校长Mark邀请她去参加家庭聚会时，Mark很热情地为王丽加热了她想吃的食物和饮品，并说："I am sorry that you can't eat cold food. I hope you like it when it's warm."

   所以，这个问题是由不同的待人接物方式造成的。中文教师更要学会换位思考，主动沟通并解决问题，避免误会。

2. 这位同事可能是开玩笑，也可能出于其他目的。由于当时这位同事只是经过，所以没有时间也没有必要去跟他询问或者解释。如果在其他场合也发现他有类似的言行，可以另外找一个机会跟他单独聊一聊，看他是否出于误解而对中国或者中国人产生了不好的印象，如果是，则需要跟他深入谈一次，化解误会。

第二节 与学校管理层沟通

01 与纪律校长沟通

1. 青春期的学生遇到感情问题是不可避免的，作为教师遇到这样的事情要正面引导并妥善处理。首要任务是将两个人分开，不要让矛盾激化，不能让事件影响到教学。在处理的时候要注意顾及学生的尊严和隐私，避免与学生有肢体接触，在没有目击者的情况下，不能贸然上前去拉开她们，因为一旦教师和学生有肢体接触，可能会惹上"打学生"或"性骚扰"等不必要的指控。

   比较正确的做法是一边口头让学生不要打架，一边通知学校领导或者管纪律行为的教师来处理。如果他们一时半会儿赶不到，可以先找隔壁教室的教师作为目击者在场，再上前拉开打架的学生。

此外，可以在课后分别了解情况，妥善处理。同时也需要考虑事情的严重程度，如有需要可以找附近的教师或者纪律校长帮助。

需要注意的是，按美国很多学校的规定，教师有义务将发生在自己教室里的突发事件告知学校管理层。因此在学生打架事件处理完后，教师应该写一封正式的邮件给学校校长、分管学校纪律的副校长或者教学楼主管等相关负责人，说明学生打架事件的起因、经过和结果，以免引起不必要的麻烦。

2. 首先，明确这种行为是违反中文课堂规则的。拿出自己的课堂规则告诉校长他违反了哪一条，如影响课堂教学秩序或者不配合课堂进程等。

第二，告诉校长自己对学生的这种行为做过哪些处置，结果如何。如最开始进行了三次口头警告学生都说对不起可还是再犯；之后进行了两次私下的面谈，学生不愿意和老师敞开心扉又只是口头承诺说会改，但是没有行为上的改善；教师最后和学生签订了行为保证协议，可是学生还会出现继续扰乱课堂的行为等。

第三，可以通过本文提到的邮件或者电话约谈校长，并且在处理后跟进学生的改进情况。如，电话约见校长面谈后，校长通过和学生谈话了解到是因为学生最近和家里人产生了很大的矛盾而觉得得不到关注，希望得到教师的关注，但是行为过激，真正表示歉意后跟校长做了行为约定合同。学生在合同期内表现良好，而且成绩有很大的提升，教师希望其继续努力，并已将这个改善回复给家长，家长也觉得很满意等。

02 与学校领导沟通

1. 不要在第一次遇到困难或者自己还没有采取任何行动之前就向校领导求助。应该按照学校规定和自己的教室规则，**按部就班地先进行处理**[①]。如果在尝试了自己—家长—学校禁闭以后仍然无效，可以找counselor或者纪律校长帮忙。罗老师应明确地列出自己做过的努力，提及其他教师甚至副校长自己对他的处理，让副校长明白情况已经到了非自己出马不可的境地。

另外，美国校领导每天的邮件很多，在跟他们写邮件时应言简意赅，简明扼要地说明问题和需要什么帮助。当然，言简意赅并不表示可以忽视礼貌问题。有些新教师在给校领导写信时只写一个“Dear”，后面不带任何称谓，或者直呼其名，写信的语气和用词也很随意，让人感觉对待工作态度不够严肃，待人也不是很尊重。

① 具体可以参考《国际汉语教师生存指南·工作篇·上》第三章相关介绍。

Dear Mr. Green,

I hope your day has gone well. I am writing now to ask for help with a student (please see attached copy of the referral I filled out earlier today).

This student is often very loud and disruptive. This behavior has continued until now, even though he wrote a letter of apology to me and was sent to the ISR by my sub when I was out for the meeting last week. You also took him out of my class during the first month of school when you were observing my class. Today I talked to him and he said he loves Chinese class, but he can't control himself. To the best of my knowledge, he has not been diagnosed ADHD, so I am puzzled about his inability to control his own behavior.

I have already written to his mom (she asked him to write that apology letter) and I don't want to ask him to leave my class, but I am at a loss for what to try next. Do you have any thoughts?

Thanks in advance for your help.

Mr. Luo

2. 提示：在写信之前，应向校办或者mentor咨询应做哪些相关准备，如联系孔院、确定时间、乘坐校车的数量、校车上的监护人、学生的午餐如何解决、经费如何筹集以及要填写的表格有哪些。准备工作都到位以后，还要确认活动期间有没有全校性的活动与之冲突，然后再写信给校领导征求同意，校领导同意以后才能发通知给家长。

第三节 与学生家长沟通

01 校园开放日

1. 提示：高中学生处在青少年向成年转换的阶段，高中的在校表现能直接影响学生未来上什么大学。所以在和家长介绍的时候应该多和学生的学分分配以及未来规划挂靠。同样也可以向家长传达学习中文这门第二语言对未来大学生活甚至工作的益处。

2. **提示**：可以结合已经做过的教学工作做一个汇报或总结。针对之前教学中遇到的困难或者瓶颈向家长汇报自己的解决方法或者新的安排。

02 家长会

1. **提示**：可以结合上册教学与课堂管理相关章节的方法及本节案例中教师的方法对学生不写作业的情况进行处理。

遇到和学生家长开家长会的情况，应提前准备好对“这件事情已经做了哪些处理”的材料，如：

- 作业记录及相关材料

（1）开学前与学生制定好的中文课作业管理制度。如，作业占总成绩30%，每周会有2—3次作业。在规定日期交作业并完成合格的学生得100%的分数；迟交一天并没有提前通知教师的作业满分只有75%；迟交两天并没有提前通知教师的作业满分只有50%；三天以上无理由不交作业的此次作业成绩为0。

（2）每周布置了哪些作业，在学校系统布置作业时的记录，网站发布作业的时间和记录，以及在黑板上作业版块的记录拍照。

（3）该生哪些作业没完成，每次询问时学生的回答记录，以及在登分系统的成绩记录。

- 这件事情相关的处理情况记录

（1）学生第一次没交作业时师生的面谈记录，第二次没交作业的面谈记录……依此类推。

（2）在与学生交流无效后写给家长的所有信件记录。

（3）学生与学生顾问的谈话处理记录。如果家长没有任何干预或者积极回复，可以寻求学习辅导老师的帮助，并可以的话请他到家长会现场进行证明。

- 其他建议

（1）如果学生除了在中文课堂上不交作业以外，还在很多其他课堂上不交作业，可以联合这些教师一起参加这位学生的家长会。

（2）把学期开始给家长的关于中文课作业制度的材料、邮件，或网站上关于中文课作业制度的页面打印出来。

（3）在开会当天，要有礼貌地向家长说出学生的情况，尊重学生家长。首先说学生表现积极的方面，最后指出学生的问题。必要的话在开会前和自己的

mentor、同事或领导咨询相关经验，学习如何恰当地在家长会上描述学生遇到的问题，也可以提前寻求当天参会人员的帮助。

2. 这件事情如果确实是因为教师播放视频内容血腥，并且教师没有意识到或者没有认真检查视频导致的，就是一起很严重的教学失误，教师应该诚挚地对自己的过失进行道歉，保证以后一定好好检查给学生播放的视频内容，并将删掉暴力血腥镜头或不予播放。教师还应该咨询校长如何处理这件事情比较妥当，如，给学生家长写信或者电话道歉；在学生到校后，向学生道歉，并且在接下来的几天关注学生的课堂表现并进行记录，如果有异常表现应及时与校长和家长联系。

   值得注意的是，播放任何视频材料前都应该仔细排查，杜绝任何血腥暴力或色情场面出现，包括不适合学生年龄的语言。美国中小学对电影分级要求极为严格，很多中国电影，如，《红河谷》、《天下无贼》等都因为暴力或色情镜头被投诉过，所以教师使用时一定要格外小心。

03 小学沉浸式项目家长会

1. 家长会时的一对一检测结果可以帮助教师了解学生擅长与不擅长的点，教师可以根据检测结果，在教完一个概念以后，设计几个层次不同的学习活动，让程度不同的学生有机会巩固和加强基本概念。通过收集到的学生学习成果，教师可以了解学生普遍的难点在哪里，进而改进教学。教师可以学生的学习成果为依据将学生划分学习小组，着重因材施教，根据学生的能力设计不同教学方案，具体提高每一组的学习成效。其中一个必要的活动是教师跟小组面对面做针对性的练习，这个活动的内容会根据学生的程度而改变，程度好的学生可以被训练成“小老师”辅助他人，教师可以在小组活动时加强落后学生的基本练习。另外在学生刚进教室的热身时间，教师也可以一对一地帮助学生。
2. 教师要对事不对人地应对问题。教师无法强行改变家长的态度，但可以在平时有规律地收集学生学习证据，集结成册作为补充说明的依据，尽力联络家长来参加会议，如果家长不来参加家长会，老师可以在教室口试学生，把口试结果和学生的学习证据一起附上简短说明让学生带回家。记录整个过程并发邮件给家长、搭档老师和校长，为自己的努力留下证明。

04 班级新闻通讯

1. 首先，教师通过邮件向学校领导申请举办活动，陈述举办新年活动的重要性，并附上活动时间、经费预算、场地要求和活动内容等；批准后，组织学生在校内显眼位置宣传这项活动。然后，学生或教师设计相关活动海报和邀请函，由教师通过信件邮寄给家长或发邮件给家长。最后，教师可利用活动当天拍摄的活动照片和视频，制作一份班级新闻通讯通过邮件发给学校领导和家长，一方面可以展示活动的开展状况，另一方面也感谢他们对中文活动的支持与帮助。除此以外，这份班级新闻通讯也可作为来年活动宣传的一张名片。

2. 教师可建议家长约定时间来校面谈，根据学生的中文学习进度报告单、作业和课堂表现记录，提出针对性建议来提高学生的成绩。面谈时，教师要记得感谢学生家长对中文项目的支持。

第四节 与学生就敏感话题沟通：以吃狗肉为例

首先你需要判断记者提出的问题是否涉及政治、思想意识形态、社会政策体系等敏感话题。如果是的，就需要教师有较高的敏感度，能够意识到一旦回答欠妥，被掐头去尾地编辑、发表或播出，会造成很大的负面影响。面对这种问题，最安全的应对策略是避开。你可以说："我只是一名中文教师，我对做好我的教学工作很有信心，但是此类话题不是我的专业，我不太适合去评论，所以我不太愿意讨论此类话题。谢谢。"

"As a Chinese teacher, I am very confident of my ability to teach Chinese and share Chinese culture with my students, but I have no experience with discussing political or social issues. I think teachers of political science, government and social studies would be better equipped to handle these kinds of questions. Thank you!"

第三章 文化

第一节 文化差异

陈强老师应该立刻联系校长和Kaitlyn的老师Maria告知他们发生的事情并交由学校处理，通常校长和Maria老师会联系Kaitlyn的家长并要求开家长会，共同协助女学生Kaitlyn走出困境。

第二节 文化传播

01 文化传播途径

1. 在校园开放日，可以采取以下形式的活动传播中国文化：

（1）用红灯笼、扇子、中国结等中国文化饰品装饰教室；

（2）选取几名小导游，为家长们讲解中国文化和中国文化产品代表的意义，让家长们对中国文化有初步的了解；

（3）准备几种中国特有的游戏，如，踢毽子、跳绳、扔沙包等，并邀请几位同学讲解游戏规则，让家长和学生通过游戏喜欢上中国文化；

（4）在教室内外展示学生中文作业及作品，增加学生学习中文的信心、提高学生学习兴趣，同时让家长了解和认可学生的学习情况。

2. 布置需要学生和家长共同完成的作业，如，手工制作大熊猫（材质不限）、春节文化的手抄报等。这样一来，家长在和自己的孩子共同完成作业的同时，也会增加对中国文化的了解。

02 春节文化展演活动

1. 因为活动可能会涉及全部的中文学生甚至全校师生，所以首先应理清春节活动的思路，最好形成文字，然后与其他四个年级的教师一起商量讨论方案的合理性。活动安排时应考虑如何充分利用时间，让全校师生享受这一全校性的文化活动，而不要占用太多教学时间，影响师生的文化体验。团队讨论完方案后，即可向学校领导提出口头或书面申请。申请通过后，方可开始具体的活动准备。

2. 活动发生在非工作时间，教师可以根据自己的时间安排决定是否参加。但作为全校唯一的中文教师，在时间和精力允许的情况下，建议教师多参与这些传播中国文化的活动。

03 文化演讲

可以从学区的中文项目介绍入手进行准备。

（1）说明中文学习的优势或必要性：美国政府制定“K–12”计划以鼓励学生在幼儿园到高中的各个阶段学习国家需要的关键语言。中文是美国外语发展最快的语言，被美国政府列为“关键语言”之一。中国经济发展迅速，有很多就业机会与商机。

（2）介绍中文教师师资情况：首先，展示中文项目的基本师资情况，如果是汉办教师可以着重介绍项目，包括教师的招聘、岗前和岗后持续培训等，让董事会成员信赖我们的教师队伍。其次，展示同类项目在美国不同区域的分布或教师规模，让董事会成员了解本学区中文项目的发展水平。

（3）介绍中文教学情况：通过展示大型文化活动计划、图片或视频，让董事会成员了解中文项目中教师语言教学及文化传播的策略。此外，还可以简要介绍AP考试、沉浸式等中文项目，全美各州中文项目的开设情况及其意义。

（4）展示学生成绩：用PPT或视频展示学生的学习成果与学习感受，以直观展示项目成就，甚至可以邀请学生进行现场表演。

（5）展示家长和学校领导对中文项目的支持情况和积极反馈，如，沟通的邮件、信件等。

（6）总结：再次强调中文项目开展的必要性和已经取得的成就，争取董事会成员的支持，还可以邀请他们提问。

第四章 专业素养

第一节 中文教师个人修养

首先应该指出刘老师在观念上的偏差。中国文化是中文教学不可缺少的一部分，可以引发学生的学习兴趣和动力，也是美国外语教学标准的组成部分。国家汉办派遣志愿者教师到世界各地支教，目的不仅仅是语言教学，更在于传播中国文化，建立民间文化沟通的桥梁。因此，中文教师应该把在学校、社区等课堂内外开展中国文化活动作为自己的工作目标和责任，把教学延伸至课堂以外。

其次，刘老师自己要建立信心。通过跟艺术教师请教，在YouTube等网站搜索教学视频，在中文教师群里咨询文化活动的计划和做法等方式，找到适合的活动。如果仍无从下手，可以把这个任务交给学生去做，以春节活动为例，可以让学生在学校电台广播，给自己的朋友或家人发红包、写对联、从网上打印吉祥图案涂色然后贴起来……还可以让他们在网上搜索，做有关中国春节的文化海报，也可以设计学唱歌、包饺子、订中餐当“年夜饭”、游园会、看春晚节目等活动。

如果没有经费，可以跟校方商议通过募款、义卖等方式筹款，也可以利用现有的资源开展一些无需经费的活动，或者和其他学科教师合作举办活动，如和其他外语教师举办“国际文化节”，和艺术教师合作办画展等。总之，不应让自己置身事外，表现出事不关己的态度，要勤于思考，勤于动手，积极寻找解决问题的办法。

第二节 海外成功中文教师的必备素质及案例

1. 王老师陷入了误区，所作所为非常不专业。很多中国教师都以为要跟学生做好朋友才是好教师，其实不然。美国教师应该对学生友善，但不是学生的朋友，跟学生发生校外师生之情也是不允许的，不能开车送学生，不经学校允许也不能和学生一起乘坐校车，更不应该单独参加学生的派对，因为学生作为未成年人，如果有任何“越界”行为，如喝酒、涉黄、涉毒等，责任都要由作为成年人的教师承担。教师在课外关心学生的方式可以是参加课外的学生体育比赛，给学生鼓劲，或组织课外活动，如节日活动、中文俱乐部等。

2. 首先，教学虽然是教师的主要工作内容，但与家校沟通也是教师工作中必不可少的一个环节，是教师顺利完成教学的重要保障。而且，在美国，家长是教育系统的组成部分，教师有责任和义务让家长及时了解学生的在校表现，李老师对于教师工作内容的定位有所偏差。

   其次，与家长沟通是教师与家长就学生的学校表现进行交流、探讨，共同商量教育问题的重要机会，目的是帮助学生更好地获得成长。因此，我们不能简单地将其与教师“因为学生有问题而求助于家长”划等号，李老师的理解过于盲目且片面。

   再次，在一定情况下，借助外力帮助自己更好地完成教师工作，本身也是教师专业素养之一。所以我们不要害怕借助外力，能够积极寻求身边可以利用的资源解决问题，才是教师能力的展现。

   最后，李老师遇到问题却选择了逃避，不仅解决不了学生的问题，还失去了家长的支持和帮助，得不偿失。

   通过以上分析，校长很可能会认为李老师没有尽到教师应尽的责任，是一个对自己工作内容定位不准确、看待问题盲目而片面、不懂得借助外力且逃避问题的教师。

3. 如果我是李老师的同事，我会说：作为教师，非教学任务也是我们合同上明确的工作内容，并非可做可不做的事情，所以在任何情况下，我们都要像对待教学任务一样去做。教师在室外站立一节课时间，换来的是学生下校车和进教学楼的安全，这份工作非常重要和有意义，因为保证学生的安全是教师工作中非常重要的内容。教师的每一分付出，学生们也都会看在眼里，并感恩于心，教师会因此赢得学生的尊重、喜爱和信任。此外，做这类非教学任务不仅是跟学校同事和学生交流的好机会，对自己也是一个很好的经历。中文教师可以借此机会提高自己的表达和沟通能力，更好地融入学校文化，使自己在各方面得到提升和成长，让自己成为全方位的、具有专业素养的合格教师，何乐而不为呢？

图书在版编目（CIP）数据

国际汉语教师生存指南．工作篇．下 /（美）黄丽娟主编．-- 北京 ：高等教育出版社，2018.7

ISBN 978-7-04-049453-2

Ⅰ．①国… Ⅱ．①黄… Ⅲ．①汉语－对外汉语教学－教学参考资料 Ⅳ．①H195.4

中国版本图书馆CIP数据核字(2018)第146230号

策划编辑 李 玮　责任编辑 杨 曦　封面设计 水长流文化　版式设计 水长流文化
插图绘制 齐 珏　插图选配 杨 曦　责任校对 杨 曦　责任印制 田 甜

出版发行 高等教育出版社
社　　址 北京市西城区德外大街4号
邮政编码 100120
印　　刷 三河市华润印刷有限公司

开　　本 787mm×1092mm 1/16
印　　张 13.5
字　　数 303千字
购书热线 010-58581118

咨询电话 400-810-0598
网　　址 http://www.morefunchinese.com
http://www.hep.com.cn
网上订购 http://www.hepmall.com.cn
http://www.hepmall.com
http://www.hepmall.cn
版　　次 2018年7月第1版
印　　次 2018年7月第1次印刷
定　　价 68.00元

物 料 号 49453-00